이재헌 지음

대치동 20년 국어전문가가 전하는 국어교육 에세이

속도보다는 방향입니다

"입시라는 경기는 경기장에 나서는 것은 아이 한 명이지만
그 한 명을 위해 많은 스텝이 팀을 이루어 겨룰 수도 있습니다."

프롤로그 중에서

★★★★★
20년 경력
대치동 강사의
국어-입시 공략법

★★★★★
수험생과
학부모가 인정한
입시 전문가

★★★★★
입시현장의
생생한
에피소드 수록

이재헌

㈜피앤아이학원 대표와 ㈜라이브러리 스터디센터 대표를 역임했고, 현재까지 강남 대치동의 학원가에서 20년 넘게 국어 강의를 하고 있으며, 강남 종로학원에서는 국어 강의와 함께 수능 분석 위원 및 해설 위원으로 활동하고 있다. 지금까지 저자의 강의는 초등학생부터 중학생, 고등학생과 재수생, 그리고 대학을 졸업하고 임용고시를 준비하는 예비 선생님까지 폭넓게 이루어져 왔다. 이런 입시 현장에서의 경험을 바탕으로 최근에는 강남과 서초, 송파, 목동 지역에서 입시 전문가로서 활동하고 있다.

저자는 최근 수험생들의 국어 능력을 평가하고 분석하는 LKTD 분석 프로그램을 개발하여 학생 개개인의 현재 실력에 맞는 효율적인 국어 공부 방법을 지도하고 있다. 이후 학생들은 국어성적이 크게 올랐고, 또한 학생들은 스스로 국어 공부하는 방법을 터득하게 되었으며, 이러한 반응과 성과에 힘입어 지금의 책을 출간하게 되었다. 책의 내용은 실제 사례를 통해 쉽고 현실감 있게 소개하면서, 어려워져 가는 현재의 국어 과목에 대한 이해와 국어 공부에 대한 방법을 문학적으로 약간의 감성을 더해 에세이로 전하고 있다.

이메일 주소 : 33sul@naver.com

속도보다는

방향입니다

[차 례]

[차 례]

프롤로그

  어제는 대학수학능력시험이었습니다. 당사자인 수험생이 제일 떨리겠지만, 대신할 수 없는 엄마, 아빠의 마음도 그 이상입니다. 그리고 그 하루는 평생 잊을 수 없는 하루이기도 합니다. 그리고 지금은 이젠 어제가 된 하루를 보내고 난 오늘의 새벽입니다. 만족스러운 결과로 기쁨이 담긴 문자와 카톡을 보낸 제자들과 무거운 삶의 무게를 짊어진 슬픔이 담긴 수능 결과를 알려주고 조언을 구하는 제자들로 나뉩니다. 그래서 어제와 오늘이 가장 보람되기도 하면서, 가장 무력감을 느끼는 날입니다.

  결과를 바라보는 두 가지의 시선이 우리의 삶의 질을 결정한다고는 하지만, 우리의 이성을 등에 태운 채 알 수 없는 곳으로 달려가는 감정이라는 성난 황소와도 같이 두려움에 무력해지는 순간이 현실이기도 한 것 같습니다. 내리고 싶고, 내려야 하지만 두려운.... 이성만으로는 마음을 정복하기 어려운 그러한 순간인 것 같습니다.

저도 그렇습니다. 10년 동안 수능 당일 오전에 각 분원에서 오신 선생님들과 모여, 수능 국어 문제에 대한 예상과 평가원에서 발표하는 브리핑을 보며, 여러 가지 예측을 하고, 이어 직접 문제를 풀면서, 출제 경향과 난이도, 그리고 등급 컷을 예상하는 분석을 합니다. 수능 문제를 풀면서 지금 수능을 보고 있을 제자들의 얼굴이 하나둘씩 떠오릅니다. 'S'는 이 문제를 그냥 넘겨야 할 텐데... 'H'는 이 지문을 평소보다 빨리 읽어야 할 텐데....라는 생각이 나를 지배합니다.

수능에서 국어의 영향력은 엄청납니다. 입시 과목에서의 비중도 있지만, 시험 전체에 영향을 주는 1교시라는 중압감이 그렇습니다. 이성은 냉정하고, 담대하게 지금의 상황을 이겨내며 나아가라고 하는데 감정은 나의 심장 뛰는 소리를 들으며 현실에서 내가 밀려나는 느낌입니다.

지금의 수능 국어를 잘 모르는 사람들은 이해하기 어렵습니다. 아직 경험이 없는 아이들은 당연히 모르고, 과거의 국어를 공부했던 엄마, 아빠도 그렇습니다. 지금의 국어가 과거의 국어와 달리 내용이 어려워졌다는 얘기는 들었지만, 그래도 모국어이고, 본질적으로 국어는 같은데 아이의 노력이 부족함을 아쉬워합니다.

결론부터 말씀드리면 그 정도의 이해로는 아이의 공부가 전혀 나아지지 않습니다. 엄마, 아빠는 공부가 아이 혼자 하는 것이라는 생각입니다. 그럴 수도 있습니다. 결국 공부는 아이가 하는 것일 수도 있습니다. 그런데 그 공부로 겨루는 입시라는 경기는 경기장에 나서는 것은 아이 한 명이지만 그 한 명을 위해 많은 스텝이 팀을 이루어 겨룰 수도 있습니다. 이런 팀을 상대로 아이 혼자 상대하는 것은 운이 좋을 때는 이길 수도 있겠지만, 적어도 50만 명이 참가하는 입시에서는 어렵지 않을까 합니다.

이 책을 통해서 지금의 국어와 입시를 이해하고, 어떻게 아이를 도울 것인가를 생각하시길 바랍니다.

PART 1.

유주민이 알려주는 유주만의 운동방법

아이의 경쟁상대는 스마트폰이다

이번 얘기는 국어와 관련된 얘기이기도 하면서 공부와 관련된 얘기이기도 합니다. 어느 날 'M 학생'이 와서 같은 반 학생인 K에 대한 궁금한 점을 이것저것 나에게 물었습니다. K의 일주일 공부 시간은 얼마인지, 그중에서 국어 공부 시간은 얼마나 차지하는지, 본인은 얼마나 더 해야 하는지 등을 물었습니다. 학생 M이 생각하기에 K 학생을 이기면 일단은 성공이라고 생각한 것 같았습니다. 그러나 K 학생과의 경쟁에서 이기면 또 다른 H 학생과 경쟁을 시작하게 될 것입니다.

내신의 비중이 늘던 시기부터 정도의 차이는 있겠지만 같은 학교, 같은 반 학생이 경쟁자로 느껴지는 것 같습니다. 어른들은 그게 결코 좋은 생각이 아니라고 하면서도 이러한 구조를 만드는 것에 동의한 것도 사실입니다. 참 아이러니합니다. 경쟁구조를 만들어 놓고, 경쟁심을 갖지 말라니, 만든 사람은 정말 그게 가능하다고 보는 것 같습니다.

'나이키의 상대는 닌텐도다'라는 제목의 책이 있습니다. 제목에 대한 첫인상은 교묘한 엉터리 같습니다. 왜냐하면 '나이키'는 스포츠 분야이고 '닌텐도'는 아이들 게임 기구 분야인데 서로의 경쟁상대라니. 그런데 가만히 책을 읽을수록 마치 뜨거운 커피와 아이스크림을 동시에 먹는 즐거운 제목이란 생각이 들었습니다. 내용은 이렇습니다.

아이들이 닌텐도에 빠져 있는 동안에는 축구를 하든 농구를 하든 집 밖으로 나가서 뛰어다닐 일이 없고, 따라서 '나이키'를 찾을 이유가 없다는 논리입니다. 아이들이 놀 수 있는 시간은 한정되어 있고 그 시간 동안 닌텐도와 축구를 동시에 할 수는 없습니다.

공부도 그렇지 않을까 합니다. 부모의 생각과 다르게 아이가 주어진 시간 동안 공부가 아닌 무언가에 빠져 있습니다. 스마트폰이 그렇습니다. 정말 무시무시한 상대입니다. 엄마와 아빠의 어린 시절에는 TV가 그랬다면 지금은 단연 스마트폰입니다.

같은 반 친구가 어떤 책을 읽었고, 어떤 참고서와 문제집을 풀고, 어떤 학원에 다니는 것이 중요한 게 아니라, 우리 아이가 스마트폰을 상대로 이긴다면 아이는 최고의 성적을 얻을 것입니다. 이건 아이의 노력만으로는 이룰 수 없습니다. 엄마, 아빠가 아이와 함께 노력해야만 이길 수 있을 것입니다. 엄마, 아빠가 집에서 스마트폰을 참기 어렵다면 아이는 그 몇 배의 어려움을 느끼지 않을까 합니다.

  참고로 TV가 없는 가정의 아이의 독서량이 TV가 있는 가정의 아이보다 압도적으로 많습니다. 무엇보다 이런 경우는 독서 습관을 형성하는데 더 큰 영향을 줄 것 같습니다. 스마트폰 중독이라고 마치 사회 현상 중에 하나로 얘기하는 사람들이 많습니다. 중독이라는 표현은 고쳐야 하는데 고치기 어렵다는 의미를 담고 있습니다. 그러나 아이들은 학년이 올라가 중요한 입시를 앞두는 학년이 되면, 스마트폰을 없애거나 2G폰으로 바꾸는 일이 제법 많습니다. 또한 입시에서 쓰린 실패를 맛본 학생이 다시 공부를 결심할 때 스마트폰을 없애거나 2G폰으로 바꾸는 학생도 많습니다. 대단한 결심이며, 이런 경우 항상 결과도 좋습니다.

  지금 우리 아이의 경쟁 상대는 옆자리에 앉은 학생이 아니라 스마트폰입니다. 상대를 알았으니 늦기 전에 이기는 습관을 갖는 것이 독서 습관과 모든 공부 전략의 첫걸음이 아닐까 합니다.

스키와 자전거

자전거를 처음 배울 때의 기억이 아직도 생생합니다. 여름 어느 날 학교 운동장에서 자전거를 배웠습니다. 넘어지기를 수십, 수백 번 그때 운동장의 흙과 친해졌던 기억이 납니다. 그날은 몰랐지만, 수십, 수백 번을 넘어지면서 자주 들었던 말이 있습니다. 넘어지는 방향으로 핸들을 돌려라. 그런데 넘어지는 방향으로 핸들을 돌리는 순간 내 몸도 그 방향으로 쏠려 자전거 위로 엎어질 것 같은데 말이죠.

스키를 배울 때도 비슷한 경험을 했습니다. 그러고 보니 수영을 배울 때도 그랬습니다. 아마 보드를 배울 때도 같은 생각이 들겠죠. 처음에는 이해할 수 없던 방법들이 수없이 많은 연습을 반복하면서 터득이 되는 경우들을요.

어느 날 J 학생이 찾아와 물었습니다.

"선생님 저는 국어에 대해 정말 아무것도 모르는 상태입니다. 그래서 국어에 대해 이론적인 것을 먼저 배우고 익힌 후에 기출 문제를 풀고 싶은데, 제 방법이 틀린 건가요?"

어떤 것을 처음 배울 때 사람들은 이론적인 학습을 충분히 하고 난 뒤에 배운 것을 적용하고 응용하는 것이 순서라고 생각합니다.

적어도 국어 공부를 할 때만큼은 이 생각을 지우기를 바랍니다. 국어 공부는 국어 시험을 잘 보기 위한 목적과 목표가 분명합니다. 그래서 목적과 목표에 맞는 공부 방법이 필요합니다. 세상에는 알아야 할 것들이 너무 많습니다. 그런데 그중에서 국어 공부에 필요한 것은 정해져 있습니다. 그리고 그 규칙은 이미 출제된 시험 문제를 통해서 필요한 용어나 상식을 채워가는 것이 효율적입니다.

완벽하게 준비해서 잘 시작하고 싶은 마음은 잘 알지만, 때로는 자전거 타기를 배우거나, 스키를 배우거나, 보드를 배우거나, 수영을 배우는 것처럼 이론보다는 경험을 통해서, 시행착오를 통해서 필요한 것을 얻는 분야도 있습니다. 국어 공부가 그렇습니다. 국어 공부의 목적이 국어 시험을 잘 보기 위한 것이라면 불필요한 부분에 에너지를 쏟지 않기를 바랍니다.

J 학생에게 말했습니다.

"일단 기출 문제를 풀어요. 그래야 무엇을 모르고, 무엇을 배워야 하는지를 알 수 있으니까요."

그리고 이렇게 말했습니다.

"만약 수업 시간에 국어 공부에 대한 무엇인가를 배운다면, 그것을 충분히 이해하기 위한 시간을 가져야 하고, 그것을 적용해 보는 시간 또한 충분하게 가질 수 있다면 그것이 정말 좋은 국어 방법이 될 거예요."

백조인 아이를 오리인 아이로 키우고 있지는 않은지

'성환'이란 이름의 학생이 있었습니다. 고3 첫 모의고사에서 전보다 100점이 올랐습니다. 말이 100점이지 이건 겨울방학 2개월 만에 올릴 수 있는 점수가 아닙니다. 그때 대부분 실력을 의심했습니다. 100점이 오른 점수라면 성환이는 Y 대학이나 K 대학은 갈 정도의 점수가 된 것입니다.

성환이는 고등학교 1학년부터 지금까지 같은 학원에 다녔습니다. 그래서 더욱 그 아이를 잘 안다고 생각했습니다. 수업 시간마다 맨 앞자리에서 꾸벅꾸벅 조는 시간이 많았던 아이가 갑자기 공부하겠다고 마음먹었을 때 대부분 주변에서는 오래 못 갈 거라 보았습니다. 그런 성환이가 이전보다 100점이 올랐으니 믿기 어려웠습니다.

그런데 성환이가 다음 달 시험에도 비슷한 점수를 얻었고, 몇 달이 지나니 성적이 더 올랐습니다. 성환이와 같은 고등학교에 다녔던 친구들은 같이 졸던 성환이가 성공하는 과정을 보면서 놀라움과 부러움과 자괴감에 혼란스러웠습니다.

성환이는 더 높은 대학에 진학할 수도 있었지만, 지방에 있는 국립대 의예과를 갔습니다.

그리고 얼마 후 성환이 부모님께서 몇 분의 선생님을 집으로 초대했습니다. 저녁 식사를 마치고 얘기를 나누다가 성환이가 마음을 먹고 공부를 하게 된 이유를 듣게 되었습니다.

성환이 아버님은 눈물을 흘리면서 사업이 힘들어지면서 운영하던 회사가 부도가 나고, 그 과정에서 성환이 가족은 정말 고생이 많았다고 합니다. 부모님이 고생하는 모습을 지켜보던 성환이가 어느 날 결심을 하더니 머리를 깎고 추운 겨울 동안 밤을 새워 공부하고 졸리면 찬물에 머리를 감으며 이를 악물고 공부했다고 합니다. 그 얘기를 들으며 성환이 노력을 의심했다는 생각에 몹시 부끄러웠습니다. 그리고 아이들은 마음만 먹으면 이렇게 변할 수 있구나라는 놀라움과 그것을 이루어 낸 성환이가 존경스러웠습니다.

후생가외(後生可畏)라는 말이 있습니다. 나보다 어린 사람들이 후에 어떤 사람이 될지 모르니 가히 두려워할 만하다는 의미입니다. 참 맞는 말입니다. 사람의 본성은 쉽게 바뀌지 않는다고는 하지만 또 좋은 방향으로 얼마든지 바뀔 수 있는 게 아이들인 것 같습니다.

이후로 아이들에 대해서, 아이들의 결심에 대해서 편견을 지우려고 많이 노력하고 있습니다. 과거 아이의 모습이 꼭 미래의 모습이 될 수는 없습니다. 지금도 그렇게 아이의 가능성을 인정하고 아이의 방향을 같이 바라보려고 노력하고 있습니다. 전부는 아니지만, 아이들이 좋은 변화를 통해서 더 나은 목표를 향해 가는 모습을 자주 보았습니다.

그런데 간혹 아이의 엄마, 아빠가 아이의 과거를 근거로 아이의 미래를 판단하는 경우가 있습니다. 아이 모두가 다 그런 것은 아니지만 집에서의 모습과 사회에서의 모습이 다릅니다. 집에서도 그런데 나와서는 다르겠냐는 고정관념을 버렸으면 좋겠습니다. 우리 아이는 오리밖에 안 된다는 엄마, 아빠의 그런 고정관념 속에서 아이가 백조가 될 가능성은 적습니다. 아이의 성장을 조금만 기다려 보는 것도 좋습니다. 그리고 아이에 대한 고정관념이 느껴질 때마다 백조인 아이를 오리인 아이로 키우고 있지는 않은지를 돌아보면 좋겠습니다.

물음표와 마침표, 그리고 느낌표

어느 날 'M 학생'이 찾아와 말했습니다.

"국어가 너무 좋아졌어요! 이제는 국어 재미가 있어요!"

국어 강사에게 이것만큼 기분 좋은 일이 있을까요?

M 학생은 사실 가장 싫어하는 과목이 국어였습니다. 대부분이 그렇듯 국어를 특히 싫어하는 이유는 재미가 없어서라고 합니다. 재미가 없는 이유는 어려워서라고 합니다. 어렵다 보니 안 하게 되고 안 하다 보니 성적이 안 좋고, 성적이 안 좋다 보니 싫어하게 되고 싫어하게 되다 보니 더 안 하게 되고 그렇게 악순환이 됩니다.

반면에 국어를 잘하는 아이는 어떨까요? 잘하다 보니 능력을 인정받아 좋습니다. 능력을 인정받으니 더 잘하고 싶어집니다. 더 잘하려고 많이 하다 보니 국어가 더 쉬워집니다. 점점 쉽게 느껴지다 보니 더욱 재미가 있습니다. 재미가 있다 보니 더 많이 하게 됩니다. 그러다 보니 더 잘하게 됩니다. 이번에는 선순환이 됩니다.

여기서 국어가 재미가 있는 경우와 재미가 없는 경우의 원인을 조금 더 들여다보겠습니다. 어떤 게임이든 룰을 알면 쉬워지고 쉬워지면 재미가 생깁니다. 반면에 아무리 재미있는 게임이라도 어려우면 재미가 없습니다. 따라서 국어라는 과목이 재미가 있으려면 우선 글의 내용이 쉽게 이해가 되어야 합니다.

그러기 위해서 제일 먼저 해야 할 일은 내가 모르는 것이 무엇인지를 알아내는 것입니다. 이것이 물음표입니다. 이해되지 않는 모든 것. 그리고 그것을 이해하기 위한 노력으로 결국 물음표에 대한 답을 찾아내야 합니다. 이것이 마침표입니다. 그렇게 되면 문제에서 요구하는 것이 무엇인지 알게 되고, 물음의 방식 또한 이해됩니다. 여기서 깨달음을 얻고, 재미를 느낍니다. 이것이 느낌표입니다. 이 과정이 쌓이면 국어 실력이 됩니다. 반대로 자신이 이 글에서 무엇을 모르는지 파악하지 못한다면 물음에 대한 답도 없고, 깨달음도 없고, 재미도 없습니다.

만약 국어 공부를 재미있게 시작하고 싶다면, 다음의 세 가지를 권합니다. 먼저, 지문과 문제를 읽으면서 갖는 의문, 즉 물음표가 있어야 합니다. 그리고 다음이 물음에 대한 답을 찾는 생각의 시간을 통해서 얻은 그 물음에 대한 답의 결과인 설명, 즉 마침표가 있어야 합니다. 그리고 이 과정에서 얻는 깨달음을 얻는 재미, 즉 느낌표가 생겨야 합니다. 이 과정이 국어 공부를 할 때 습관으로 된다면 적어도 국어 공부만큼은 재미를 느끼면서 국어 실력을 쌓아 갈 수 있을 것입니다.

아이가 독서 습관이 안 드는 이유

요즘 입시에서 국어가 어렵다 보니 엄마, 아빠로서는 아이의 국어 공부가 많이 걱정되는 것도 사실입니다. 그래서 아이가 어려서부터 독서 습관이 생겨서 책도 많이 읽기를 바랍니다. 그러면 나중에 자연스럽게 국어도 잘하겠지 생각합니다. 20년 넘게 아이들을 보아 온 바로는 아이가 독서 습관이 생기지 않는 이유를 엄마, 아빠가 독서 습관 때문이라고 생각합니다.

우리 아이에게 독서 습관을 갖게 하고 싶다면, 가장 쉬운 방법은 엄마, 아빠가 먼저 평소 책을 읽는 모습을 보여주는 것입니다. 그러면 아이는 틀림없이 독서 습관을 갖게 됩니다. 가장 효과적인 독서 교육은 좋은 독서 환경에서 아이가 자라게 하는 것입니다. 좋은 유치원, 좋은 초등학교, 좋은 중학교, 좋은 고등학교, 좋은 대학교, 좋은 회사, 좋은 지역, 좋은 학원을 선택하는 이유도 다르지 않다고 봅니다.

엄마, 아빠는 집에서 늘 편하게 스마트폰을 보면서 아이는 공부에 방해된다며 못하게 한다면 아이는 무슨 수를 써서라도 몰래 할 것입니다. 그게 아이입니다. 간혹 엄마는 독서를 좋아하는데 아이가 독서를 안 하는 경우가 있습니다. 그건 아빠가 독서를 안 하기 때문입니다. 반대로 아빠가 독서를 좋아하는데 아이가 독서를 안 하면 엄마가 독서를 안 하기 때문입니다. 엄마와 아빠가 독서를 좋아하는데 아이가 독서 습관이 없는 경우를 20년 넘게 단 한 번도 본 적이 없습니다.

TV 소리가 들리는 환경에서 아이가 글에 집중하기는 어렵습니다. 특히 국어 지문을 읽고 문제를 풀어야 하는 경우는 더욱 집중할 수 있는 환경이 필요합니다. 그리고 집에서 그런 독서 환경을 만들기 위해 노력하는 엄마, 아빠는 대한민국에 많습니다. 학년마다 조금 다를 수 있지만, 한 학년에 대략 2만 명 정도의 아이가 그런 독서 환경에서 공부하고 있다고 봅니다. 모두는 아니겠지만, 그런 독서 환경에서 공부하며 자란 아이들이 해마다 상위 4%에 해당하는 최상위 대학에 합격합니다.

'L 학생'은 아빠의 취미가 독서인 줄 알았다고 합니다. 집에 다양한 책들이 많고, 늘 책 읽는 모습의 아빠를 보며 자랐다고 합니다. 그런데 L 학생 아빠의 얘기는 조금 달랐습니다. 사실 어렸을 때는 책 읽는 것이 너무 싫었다고 합니다. 그런데 아이가 태어나면서 이런 생각이 들었다고 합니다. 적어도 아이는 나보다 세상을 잘살았으면 좋겠다는 생각에서 아이에게 책 읽는 습관을 물려주기로 결심했다고 합니다. 그 후로 집에서는 늘 책 읽는 모습을 보여주기 위해 최선을 다했다고 합니다.

독서 습관은 유명한 학원이나 소문난 선생님에 의해 만들어지기는 어렵습니다. 엄마, 아빠도 알고는 있지만, 방법을 몰라서 어쩔 수 없이 찾는 것도 알고 있습니다. 그러나 조금만 더 엄마, 아빠로서 노력을 해보기를 바랍니다. 그래서 대한민국 엄마, 아빠는 아무나 되는 것이 아닌가 합니다.

'J 학생'이 말합니다.

"지금까지 국어 공부를 한다고 했는데 성적은 거의 그대로입니다. 금방 오를 거라고는 생각은 안 했지만 답답하고 불안해집니다."

'A 학생'은 말합니다.

"제가 다른 과목을 공부하느라고 국어 공부를 한동안 못했습니다. 그런데도 성적이 크게 떨어지는 것 같지는 않습니다. 국어 공부가 원래 이런 건가요?"

'M 학생'이 다른 하소연을 합니다.

"같은 반 K는 국어 공부를 저보다 별로 안 하는 것 같은데도 막상 시험 결과를 보면 항상 저보다 나은 것 같아요."

결론부터 말하자면 국어 성적은 학습량과 비례하지 않습니다. 그렇다고 국어 공부를 열심히 하면, 오히려 성적이 떨어진

다는 얘기는 아닙니다. 국어 실력의 상승 과정은 우상향 직선이 아니라 계단식 상승을 보입니다. 그래서 답답하겠지만 노력하며 기다리라는 얘기를 해 줍니다.

답답해하는 아이들에게 국어 학습량과 국어 실력에 관해 자주 드는 몇 가지 비유가 있습니다. 그중 몇 가지를 소개할까 합니다.

먼저, '스폰지 효과'입니다. 그릇에 스폰지 하나가 있습니다. 그리고 그 그릇에 물을 조금씩 부어 봅니다. 처음 어느 정도까지는 스폰지가 물을 모두 빨아들입니다. 그래서 그릇에는 물이 고이지 않습니다. 그런데 어느 순간 그릇에 물이 고이기 시작합니다. 더 이상 물을 빨아들일 수 없을 만큼 스폰지가 물을 머금고 있기 때문입니다. 국어 공부도 마찬가지라고 생각합니다. 국어 실력이 어느 정도 쌓일 때까지는 학습량이 무의미해 보일 수 있습니다. 그러나 아직 국어 실력이 나타나지 않을 뿐입니다. 스폰지의 물이 차듯 국어 실력이 차면 드러나게 될 것입니다.

'눈사람'에 비유를 하기도 합니다. 눈사람을 만들려면 작은 눈을 뭉쳐 눈이 쌓인 공원에 눈을 굴립니다. 처음에 뭉친 작은 눈은 굴려도 굴려도 커질 것 같지 않을 정도로 아직은 작아 보입니다. 그러다가 눈의 크기가 수박만큼 커지기 시작하면서 구르면 구를수록 크기가 눈에 띄도록 커집니다. 국어 공부도 그렇습니다. 처음에 알아 가기 시작할 때는 아는 것이 쌓이는 느낌이 없습니다. 이렇게 채워서 아무리 기다려도 국어를 잘 할 수 있는 날이 올 것 같지 않습니다. 그러나 꾸준히 하다 보면 어느 순간 지문을 읽고 문제를 풀 때 어떻게 문제를 해결해야 하는지를 알게 됩니다. 그때가 국어 실력이 늘었음을 알게 되는 순간입니다.

그리고 국어 학습량과 국어 실력의 관계를 '물이 끓을 때'에 비유하기도 합니다. 물은 100℃에 가까워져야 비로소 끓기 시작합니다. 보통 임계치라고 부르는 수치입니다. 그 지점을 넘어야 비로소 기다리던 순간이 옵니다. 국어 공부도 그렇습니다.

그때를 기다릴 수 있는 사람만이 국어 실력자가 될 수 있습니다. 한 번이라도 이 과정을 경험한 사람이라면 다음의 공부는 쉽습니다. 이미 경험을 통해서 성공하는 방법임을 터득했으니까요. 그래서 그 한 번의 성공 경험이 중요합니다. 어떻게 보면 인생을 살아가는 것도 비슷한 것 같습니다.

국어 시험 볼 때 항상 세 개가 지워지고 두 개가 남는 이유

'C 학생'이 국어 공부에 대한 고민을 얘기합니다.

"왜 저는 국어 시험을 보면 세 개까지는 지우고 꼭 두 개가 남을까요? 둘 중 하나가 분명 답인데, 둘 다 맞는 것 같아 한참을 고민하게 됩니다. 그중 하나를 정하면 꼭 다른 하나가 답입니다. 한두 번이라면 모르겠는데 매번 시험을 볼 때마다 이런 상황이 반복되니 정말 힘이 듭니다."

이건 C 학생만의 얘기는 아닙니다. 매년 국어상담을 할 때면 빠지지 않고 나오는 고민 중 하나입니다. 비슷한 상황에 대해 조금 더 구체적으로 얘기해 보겠습니다.

'K 학생'이 있습니다. 국어 공부를 열심히 했다고 하는데 생각만큼 성적이 안 나와 고민입니다. 선생님의 설명을 들을 때는 이해가 잘 되고 복습도 나름대로 잘했습니다. 그런데 시험을 보고 나면 결과에 실망하게 됩니다. 제자리걸음을 하는 것 같습니다. 이번 국어 시험은 더 집중해서 잘 봐야겠다고 다짐합니다.

국어 시험 시간입니다. K 학생이 열심히 집중해서 지문을 읽습니다. 완벽하게는 아니지만 그래도 어느 정도는 내용이 이해가 갑니다. 문제를 읽습니다. 지문의 내용과 맞는 것을 고르라고 합니다. 1번 선택지를 봅니다. 틀린 선택지입니다. 지문의 내용과 반대로 서술되어 있습니다. 2번 선택지를 봅니다. 역시 틀린 선택지입니다. 지문에서 언급된 바가 없습니다. 3번 선택지를 봅니다. 비슷하게 서술한 부분이 있는 것 같기도 하고 없는 것 같기도 하고 잘 모르겠습니다. 몇 번을 계속해서 지문의 내용을 확인하고 선택지의 서술된 내용과 비교해 봅니다. 맞는 것 같기는 한데 확실한 정답이라고 판단하기는 어렵습니다. 그래서 일단 판단을 보류하고 4번 선택지로 넘어갑니다. 지문의 내용과 다르게 서술되어 있습니다. 5번 선택지를 봅니다. 지문의 내용과 비슷한 서술입니다. 그런데 서술된 어휘가 지문에 나오는 어휘와 비슷하지만, 똑같지는 않습니다. 그래도 다른 것보다는 맞는 부분이 많습니다. 자 이제 1번, 2번, 4번은 정답이 아닌 게 확실합니다. 문제는 이번 시험에서도 역시 3번과 5번 두 개가 남아 고민되는 상황이 되었습니다. 계속 지문과 선택지를 왔다 갔다 하며 고민합니다. 시계를 봅니다. 시간이 어느새 많이 지났습니다. 빨리 결정하고 다음 문제로 넘어가야 합니다. 이전의 시험과 너무나 비슷한 상황입니다. 막 짜증이 납니다. 지금까지 이런 상황에서 내가 정답이라고 정한 것은 결국 답이 아니었습니다. 그래서 결국 이번에는 더 정답이라고 생각한 3번이 아닌 5번으로 답을 정합니다. 그런데 시험이 끝나고 정답을 보니 3번이 정답입니다. 스스로에 대해 화가 나기 시작합니다.

결론부터 말하자면 국어 시험이 원래 그렇습니다. 대부분 국어 시험 문제는 원래 다 지워지고 두 개가 남도록 문제를 만듭니다. 그러니 정답을 찾아가는 과정을 문제에 따라 조금 바꾸었으면 좋겠습니다. 국어 시험은 본질적으로 내용을 정확하게 이해하는 능력을 묻는 문제이기는 하지만 물음의 방식을 이해하지 못하면 정답이 여러 개로 보입니다.

맞아 보이는 선택지가 두 개인 것처럼 보이는 이유는 둘 다 지문에서 언급한 내용일 것입니다. 그런데 둘의 차이는 하나는 전체적인 중심 내용에 맞는 선택지이고, 정답이 아닌 하나는 지문에 내용과 부분적으로 맞아 보일 뿐입니다. 당연히 정답은 글의 중심 내용에 가까운 것이 정답이 됩니다.

국어는 주제를 묻는 시험이라고 생각하면 좋습니다. 그래서 두 개의 선택지가 남아 답을 고르기가 어려운 상황이 되면 글의 주제에 더 가까워 보이는 선택지를 고르면 됩니다. 그런데 이때 주의 사항이 있습니다. 이런 경우 무조건 주제에 가까운 선택보다는 물음의 방식을 먼저 확인하고 방법을 정하는 것이 좋습니다. 국어 시험의 물음은 크게 두 가지로 나눌 수 있습니다. 긍정적으로 묻는 물음과 부정적으로 묻는 물음이 있습니다. 옳은 것을 찾으라는 긍정적인 물음의 경우에는 전체적인 주제에 가까운 선택지를 고르면 됩니다. 틀린 것이나 다른 것을 찾으라는 부정적인 물음의 경우에는 전체적인 것보다는 세부적인 내용을 확인해야 합니다.

국어 공부의 본질은 읽기 능력에 있습니다. 그리고 읽기 능력은 직접 읽고 생각하는 노력이 절대적으로 필요합니다. 그런데 국어 시험은 문제를 해결하는 능력을 평가합니다. 그리고 이 능력은 먼저 수없이 많이 풀어 본 선생님에게서 방법을 배우는 것이 효율적입니다. 그러니 국어 공부를 할 때 무엇을 혼자 해야 하고 무엇을 배워야 하는지를 알고 공부하는 것이 중요합니다.

속도보다는 방향이 중요한 국어 공부

어떤 분야에서 성공을 위해 노력을 할 때 '속도보다는 방향'이라는 말을 자주 합니다. 성공하고자 하는 대상의 본질을 정확하게 이해하고 그 본질에 맞는 올바른 방향으로 노력을 하는 것이 가장 빠른 성공의 길이라고 합니다.

국어 공부도 그렇습니다. 따라서 국어 공부 방법에 방향을 잘 잡는 것이 무엇보다 중요합니다. 그리고 국어 공부 방법의 방향은 국어 시험 결과와 같은 방향이어야 합니다. 결국 국어 시험에서 좋은 점수를 얻을 수 있는 실력을 기르기 위한 국어 공부여야 합니다.

'L 학생'은 내신 국어 등급이 1점대입니다. 그런데 수능 국어 등급은 4등급에서 5등급 사이입니다. 매년 L 학생과 비슷하게 내신 국어 등급은 좋은데 수능 국어 등급이 많이 안 좋은 아이들을 많이 봅니다.

'U 학생'은 내신 국어 등급이 4등급입니다. 그런데 U 학생의 수능 국어 등급은 1등급입니다. 이런 경우와 비슷한 아이들도 많습니다. 상식적으로 수능 국어를 아주 잘한다는 것은 읽기 능력과 문제 해결 능력이 뛰어나다고 볼 수 있습니다. 따라서 이런 경우가 잘 이해가 되지 않을 수 있습니다. 실력이 우수한 학생들이 모여 있는 특별한 학교에 다니는 학생에게서 자주 나타납니다. 또는 지역별로 내신 경쟁이 매우 치열한 학교에 다니는 학생에게서 자주 나타납니다.

'K 학생'은 내신 국어 등급이 1등급입니다. 그리고 수능 국어 등급도 1등급입니다. K 학생이 다니는 학교도 경쟁이 치열한 학교로 유명합니다. 그런 곳에서 내신 국어 1등급과 수능 국어 1등급을 유지하는 것은 정말 대단한 일입니다.

국어 시험의 결과가 이렇게 다른 이유는 내신 국어 시험과 수능 국어 시험을 어떻게 생각하느냐의 차이일 것입니다. 내신 국어 시험과 수능 국어 시험은 서로 다른 과목이라고 생각을 해야 합니다. 같은 국어라고 생각하는 순간 한쪽이 낭패를 봅니다. 왜냐하면 두 시험은 본질적으로 다르기 때문입니다. 즉 공부 방향이 달라야 합니다. 내신 국어는 얼마나 많이 알고 있느냐의 시험입니다. 수능 국어는 얼마나 많은 것을 해낼 수 있느냐의 시험입니다. 내신 국어 시험은 가지고 있는 지식의 정도를 묻습니다. 그러니 주어진 범위 안에 있는 것들을 머릿속에 담아두는 것이 유리합니다. 그래서 내신 국어를 잘하는 학생이 되려면 시험 범위 안의 내용들을 머릿속에 담아두려는 방향으로 노력해야 합니다.

이와는 다르게 수능 국어 시험은 지식의 정도를 묻지 않습니다. 주어진 정보만을 가지고 문제 해결을 잘 할 수 있는지 평가합니다. 그래서 문제 해결 과정이 중요합니다. 수능 국어 시험은 결과를 묻는 시험이 아니라 과정이 타당한지를 판단하는 능력을 평가하는 시험입니다.

K 학생은 이 둘의 차이를 이미 잘 알고 공부한 학생입니다. 올바른 공부 방향을 알고 있는 K 학생이 좋은 결과를 얻는 것은 당연합니다.

L 학생과 U 학생 모두 국어 공부에 재능이 있는 학생입니다. 다만 L 학생의 경우는 수능 국어를 내신처럼 공부하지 않았으면 합니다. 글의 특징이나 작품의 특징, 표현법 등을 적어두고 외우려고 반복하는 노력은 수능 국어 시험에는 맞지 않습니다. U 학생의 경우는 이해력이 좋은 학생일 것입니다. 그러나 내신 국어 시험을 잘 보기 위해서는 암기가 필요한 순간이 많습니다. 이해한 후 자연스럽게 암기가 된다는 생각에서 벗어나야만 내신 국어 시험을 잘 볼 수 있습니다.

참고로 내신 국어 시험을 수능식으로 출제하는 경우가 있다고 합니다. 그래도 내신 국어는 내신 국어입니다. 내신 국어의 본질이 바뀌는 것은 아닙니다.

PART 2.

계획대로 되지 않는 이유가 있었습니다

국어 능력은 요약 능력

국어 능력은 요약 능력입니다. 올해도 역시 그걸 증명했습니다. 올해 초 '유나'와 '소영'이가 자신의 국어 능력을 확실하게 업그레이드 시키려면 무엇을 해야 하는지를 물었을 때 요약하기를 강조했습니다. 그리고 둘은 매일 글을 읽으며 요약하기 시작했습니다. 기출문제부터 교육청 문제 등을 가리지 않고 자신이 읽은 글들을 요약했습니다.

여기까지는 엄마들, 아빠들도 들어 본 적이 있는 얘기일 것입니다. 그런데 그렇게 국어 공부를 위한 기본적인 방법이며, 분명 효과가 있다고 들은 방법인데도 마음이 선뜻 안 가는 이유가 뭘까요? 그건 실천에 대한 걱정 때문일 것입니다. 국어 공부에서 요약이 중요하다는 것은 잘 아는데, 우리 아이가 그걸 꾸준히 못해낼까 걱정입니다. 그래서 안타깝습니다. 그런데 저는 아이보다 엄마, 아빠가 더 안타깝습니다.

아이는 아이입니다. 아이 혼자서는 어렵습니다. 아이가 쉽게 해낸다면 정말 대단한 아이이거나 이미 아이가 아닌 거죠? 엄마와 아빠는 아이의 국어 공부를 위해 위대한 계획을 세웁니다. 그리고 실천하기로 굳게 약속합니다. 그런데 일주일을 못 가서 아빠는 엄마에게 엄마는 또 엄마대로 바빠서 아이가 알아서 하게 맡기죠. 아이의 요약하기 결과는 열흘을 못 넘기고 멈추게 됩니다. 그리고 다른 방법을 찾습니다. 다른 방법을 찾더라도 역시 같은 이유로 결과를 얻기 전에 포기합니다.

8년 전에 가르쳤던 아이의 얘기를 해 보겠습니다. 성적이 1년 만에 급상승해서 의대를 간 D 학생입니다. D 학생 성적 비결을 저는 학습플래너를 철저하게 활용하는 공부 습관이라고 생각했습니다. 열심히 공부하는 학생들은 너무나 많지만 이만큼 엄청나게 성적이 급상승한 학생은 드뭅니다. D 학생에게 양해를 얻어 그가 쓰던 학습플래너를 받았습니다. 매일 아침 일찍부터 잠자기 전까지의 계획을 꼼꼼하게 세우고 실천하며 잘 사용했는데 이 플래너를 보며 아이들이 똑같이 실천하면 좋겠다는 생각이 들었지만, 아이들이 그대로 따라 할 수 있을 것 같지는 않았습니다.

저는 다음 해에 J 학생과 약속했습니다. 선배 D 학생의 학습 플래너를 보여주며 이것과 똑같이 쓰고 실천해 보자고 했습니다. 그날부터 J 학생은 쓰고 실천하고 저는 매일 하루도 빠짐없이 검사했습니다. 단 하루도 빠짐없이. 마치 아침에 일어나 양치질과 세수를 하듯 그렇게 했습니다. 그해 J 학생은 D 학생의 후배가 되었습니다.

 만약 엄마, 아빠가 아이의 국어 요약을 매일 지켜봐만 준다면 모든 아이의 국어 능력은 탁월해질 것입니다. 적어도 1년 만이라도 실천해 준다면 아이는 평생 훌륭한 습관을 얻게 될 것입니다. 방법이 틀린 것이 아닙니다. 방향이 틀린 것이 아닙니다. 엄마, 아빠가 매일 실천하기 어렵듯이 아이도 매일 실천하기 어렵기 때문입니다.

 올해는 '유나'와 '소영'이의 국어 성공으로 기쁩니다. 그리고 대한민국의 모든 엄마와 아빠에게 강조합니다. 국어 능력은 요약 능력이라고.

고1이 되기 전 국어 공부와 고1이 된 후 국어 공부

'J 학생'은 중학교 때 국어 공부를 거의 한 적이 없고 국어를 별로 좋아하지 않은 학생이었습니다. 고등학교 1학년이 되기 전에 국어 공부를 제대로 하게 하고 싶다는 J 학생 어머니의 부탁으로 두 달 정도 학교에서 배울 국어 교과서 내용과 기본적인 수능 국어를 아이에게 가르치게 되었습니다. 고등학교 1학년이 되기 전의 아이를 둔 엄마, 아빠라면 꼭 참고하시기를 바랍니다. 고등학교 1학년 전까지의 국어는 아이가 공부하기가 어렵지 않아서 좋은 국어 공부 습관을 만들어 주기도 어렵지 않습니다.

J 학생 어머니의 전폭적인 신뢰 덕분으로 J 학생에게 두 달 동안 읽는 방법, 요약 방법, 메모 방법, 어휘 공부 방법, 예습 방법, 필기 방법 등을 가르쳤습니다. 그리고 J 학생은 두 달 동안 교과서를 두 번 반복 학습, 참고서 한 권을 두 번 반복, 문제집 한 권을 두 번 반복, 수능 국어 문제집 두 권을 풀었고, 그리고 여덟 권의 교양 도서를 읽었습니다. 중요한 것은 J 학생이 전혀 힘들어하지 않았다는 사실입니다.

J 학생이 중학교 때 국어 공부를 하지 않았던 가장 큰 이유는 읽고 이해할 시간을 갖고 싶은데 빠르게 나가는 설명과 진도 때문이었습니다. 엄마, 아빠들이 많이 하는 오해 중 하나가 선행학습은 오히려 독이 될 수 있다는 생각입니다. 선행학습 자체가 독이 되지 않습니다. 아이가 이해를 못 한 상태에서의 학습은 선행학습이라 말할 수 없습니다. 그걸 선행학습이라고 하면 안 됩니다. 학교에서 배울 부분을 미리 잘 이해하고 학습했는데 학교 수업에 도움이 안 될 수는 없습니다. 그것은 선행학습은 나쁘다는 결론을 두고 억지로 만든 논리입니다. 실제로 지금도 많은 엄마, 아빠들은 선행학습을 시키고 있고 효과를 얻고 있습니다.

J 학생이 이해가 안 되는 부분이 있으면 해결하는 방법을 알려주고 J 학생이 노력을 통해 이해할 수 있도록 기다려 주면 되는 어렵지 않은 국어 공부 방법이었습니다. 고등학교 1학년 전까지 국어는 전혀 어렵지도 복잡하지도 않아서, 단순한 방법이 가장 효과적입니다. J 학생은 글을 이해하기 시작하면서 문제를 쉽게 풀기 시작했고, 국어에 재미를 갖기 시작했습니다. 국어 공부는 이런 과정이어야 한다고 생각합니다.

그런데 고등학교 1학년이 되고 나면 국어 공부가 쉽지 않습니다. 많은 과목과 과목별로 어려운 내용들과 그리고 진로에 대한 준비와 학교생활과 복잡한 입시 전형에 대한 준비 등 정말 많은 것을 준비해야 해서 쉽지 않습니다. 국어의 경우 중학교 때와는 다르게 수능 국어에 대한 준비도 조금씩 해야 합니다. 독서를 한다는 것은 수행평가 외에는 하기가 벅찹니다. 그래서 미리 국어 공부 방법을 익혀야 고등학교 생활을 하면서 직접 적용할 수 있어 효율적이며 국어 성적에도 많은 도움이 됩니다.

엄마, 아빠는 고1이 된 아이가 지금부터라도 교양 도서를 읽기를 바랍니다. 그런데 교양 도서를 읽는 독서 습관에 대한 저의 생각은 이렇습니다. 모든 읽기가 그렇듯 본인이 가진 읽기 능력에 비해 어려운 책을 독서에 대한 흥미를 잃게 합니다. 이 시기에는 특히 아이의 수준에 맞는 책을 권하는 것이 중요합니다. 남들이 좋다는 책이 우리 아이에게 어렵다면 아직은 그 책을 읽을 때가 아닙니다. 개인적으로 아이를 위해 어른들이 선정한 필독서가 오히려 아이가 책과 멀어지게 되는 이유가 되기도 합니다. 엄마, 아빠가 아이에게 꼭 읽게 하고 싶은 책이 있다면 미리 읽어 본 후, 아이가 읽기에 적절한지를 생각해 보고 권하기를 바랍니다.

J 학생도 책을 별로 좋아하지 않은 학생이었습니다. 독서하고는 거리가 먼 학생이었다고 합니다. 그런데 자기 수준에 맞는 책을 여덟 권 정도 읽고 나니, 독서에 대한 부담감이 없어졌습니다.

지금도 엄마, 아빠가 아이의 입시를 위해 가장 중요한 시기가 언제냐고 물으면 고등학교 1학년이 되기 전이라고 답합니다.

코로나 시기 아이의 국어 공부

2020년 이전에는 입시 세대를 수능 세대와 수능 이전의 학력고사 세대로 구분했습니다. 그러나 2020년 이후로는 코로나 시기 학교에 다닌 세대와 그렇지 않은 세대로 나눌 수 있습니다. 그만큼 코로나 시기의 비대면 수업으로 학교생활과 수험 준비를 아이는 힘들었습니다. 엄마, 아빠는 엄마, 아빠대로 힘들었고, 아이들은 아이들대로 힘들었습니다. 아이와 어른 할 것 없이 모두 처음 겪는 상황이었기 때문이었습니다.

20년 넘게 아이들을 가르친 저에게도 새롭고 놀라운 경험이었습니다. 사회 전체가 피해를 많이 입었습니다. 그중에서 가장 피해를 본 세대가 2020년부터 2022년 동안 학교에 다녔던 학생들이 아닐까 합니다. 모두가 처음 겪는 일이다 보니 각자 자신의 문제를 해결하기에도 힘에 겨웠습니다. 그런데 아이들은 해결할 수 있는 주체가 아닌 도움이 필요한 대상이었습니다.

개인적으로 오랜 친분을 쌓아 온 'K 강사'는 아이 문제로 자주 고민했습니다. 그중 대부분이 학교에 가는 대신에 집에서 비대면 수업을 하는 아이와의 갈등에 대한 것이었습니다. 엄마, 아빠 모두 매일 집에 있는 아이와 안 싸운 적이 하루도 없을 정도라고 합니다. 이전에는 컴퓨터를 거실에 두고 필요한 경우만 사용하는 것을 지켜볼 수 있었는데, 아이가 수업에 집중이 안 된다고 하며 자기 방에서 컴퓨터로 수업을 듣기를 원해서 그렇게 하라고 허락을 했다고 합니다. 엄마, 아빠는 직감으로는 아이가 딴짓하는 것을 알지만 문을 열고 들어가는 순간 아이는 수업 화면을 보고 있습니다. 그야말로 심증은 있는데 물증이 없는 상황이 반복되다 보니 엄마, 아빠가 지치기 시작하면서 믿지 못하면서도 믿는 척할 수밖에 없었다고 합니다.

엄마, 아빠들은 이 시기에 비슷한 경험을 많이 했을 겁니다. 그런데 K 강사의 경우는 엄마와 아빠가 그래도 아이를 자주 지켜볼 수 있는 경우입니다. 엄마, 아빠가 지켜보는 환경인데도 아이들이 이러한데, 대부분 엄마, 아빠는 집에 있는 아이를 살펴볼 여유가 없었습니다.

이 코로나 세대의 아이들은 화면을 보면 수업을 하고 있다고 생각하고 공부를 하고 있다는 착각을 하게 됩니다. 게다가 화면을 보고 있으면 선생님도, 엄마도, 아빠도 뭐라고 안 하니까 마음이 편합니다. 그러나 공부도 직접 읽고 풀어야 실력이 쌓입니다. 문제는 눈으로 보는 공부에 익숙해진 아이가 제대로 읽고, 생각하고, 문제를 해결하는 과정을 충분히 익히지 못했다는 것입니다.

그러니 이 아이들을 볼 때는 코로나 세대 이전과는 다른 기준을 가져야 할 것 같습니다. 조금 더 기다려 주는 것이 필요합니다. 아이들의 학력 수준이 낮아졌다고 걱정만 할 것이 아니라 이전과 같이 제대로 된 교육을 받지 못한 것에 대한 대안을 마련해 주어야 할 것 같습니다.

국어의 경우 아이의 읽기 능력 수준보다 텍스트의 수준이 어려울 때 아이는 국어에 흥미를 잃어버릴 수 있습니다. 그래서 아이의 읽기 능력 수준을 파악하고 그의 맞는 텍스트를 정하는 것이 필요합니다. 따라서 아이의 수준에 맞는 텍스트가 필요합니다. 그렇게 해도 아이의 성장은 결코 남들보다 늦지 않을 것입니다. 엄마, 아빠도 조금 더 유연한 기준을 가지고 아이의 성장을 지켜보는 것을 권하고 싶습니다.

국어 실력이 좋은 아이와 국어 실력이 부족한 아이

어느 날 아이가 엄마, 아빠에게 이렇게 얘기하면 우리 아이는 국어 실력자입니다. 아니면 곧 아이는 국어 실력자가 됩니다.

"기출 문제를 여러 번 풀어 봤는데도 아직도 볼 때마다 이해가 안 되는 부분이 있어요. 아무래도 더 봐야 할 것 같아요."

그러나 안타깝게도 아이들은 이렇게 얘기하는 경우가 훨씬 더 많습니다.

"아, 그거요, 몇 번 풀어 봤어요. 이젠 답이 다 보여서, 또 풀어도 효과는 없을 것 같아요." 조금 더 아이의 생각을 노골적으로 표현하면

"뭐 또 풀 필요가 있을까요. 이젠 좀 지겨운데."

지금까지 지켜보았던 국어 실력이 좋은 아이들은 이미 알고 있는 내용인데도 반복을 할 때마다 자신의 부족한 부분을 찾아내고, 그 부족한 부분을 보완해 가려고 노력을 합니다. 반면에 국어 실력이 부족한 아이들은 수박 겉핥기식으로 대강 이해했

으면서도 다했다고 생각하고 지겹게 뭘 또 하냐고 생각합니다.

국어 공부에 있어 반복에 대한 이러한 태도의 차이가 나의 실력을 제자리에 맴돌게 하는가 아니면 앞으로 계속해서 나아가게 하는가를 결정지으며, 이러한 태도가 시간이 흐를수록 점점 더 실력과 점수의 차이가 되는 것이 아닐까 합니다.

반복하는 국어 공부라는 것이 단순하게 몇 번을 풀어봐서 저절로 외워진 답이나, 외워진 풀이를 기억하는 것을 의미하지 않습니다. 이런 반복이라면 아무리 반복을 많이 해도 실력은 늘지 않고 제자리입니다. 제가 강조하는 반복하는 국어 공부는 읽으면서, 이해하려고 노력하고, 다시 또 생각하고, 그것을 바탕으로 문제를 해결해 나가는 일을 반복하는 것을 말합니다.

국어 공부에서 즐거움을 느끼는 순간은 같은 지문과 문제를 반복할 때마다 이전에는 보이지 않았던 것들을 발견할 때입니다. 비슷한 지문과 문제를 해결하다 보면 방법이 되며, 이러한 방법이 쌓이면 유형이 됩니다. 자신만의 방법으로 어떤 지문이 나오든 읽고 풀 수 있다면 진정한 국어 실력자입니다. 그런데 정작 아이들은 필요한 이러한 태도와 방법의 필요성과 중요성을 모릅니다. 그래서 아직 아이인지도 모르겠습니다.

엄마, 아빠도 평소에 아이에게 반복하는 국어 공부에 대해 이렇게 강조하면 좋습니다.

"애야, 지문이 익숙해지고, 어느 것이 정답인지 눈에 들어 온다면 그때가 국어 실력을 쌓을 수 있는 기회라고 생각하렴."

내신 국어와 수능 국어

만약 학교 내신 국어 성적과 수능 모의고사(교육청, 평가원) 성적이 많이 차이가 난다면 먼저 아이가 이 두 시험의 성격이 어떻게 다른지를 알고 있는지 얘기를 나누어 보는 것이 필요합니다. 혹시 엄마, 아빠도 이 두 시험의 성격이 다른 점을 막연하게 알고 있다면 조금 더 정보를 알아둘 필요가 있습니다. 왜냐하면 이 두 시험은 성격이 달라서, 그에 따른 공부 방법이 달라야 하기 때문입니다.

학교 시험은 주어진 범위의 내용을 잘 학습했는지를 평가하는 시험입니다. 즉 정해진 범위에서 선생님이 가르친 내용을 바탕으로 출제합니다. 그러니 주어진 범위의 내용을 잘 이해하고 반복을 통해 심화하고 선생님이 강조한 내용을 잘 기억하면 좋은 점수를 얻습니다.

모의고사는 수능을 위한 준비이고 평가입니다. 수능은 정해진 범위가 없으며, 선생님이 가르친 내용을 암기하는 것은 도움이 되지 않습니다. 처음 보는 지문의 내용을 잘 읽고, 그것을 바탕으로 주어진 문제들을 해결해 나가는 사고 과정이 잘 갖추어져야 좋은 점수를 얻을 수 있는 시험입니다.

국어 공부의 단계 또는 순서를 정한다면 수능을 위한 국어 공부 방법을 먼저 배우고 익히는 것을 권합니다. 국어라는 과목의 본질은 글을 잘 읽고, 읽은 내용을 바탕으로 문제를 해결해 가는 과정이라 할 수 있습니다. 별로 중요해 보이지 않는 이 사실이 정말 중요한 것임을 깨닫는 시기가 고3이 되면서 모의고사를 경험하고 난 후입니다. 고3 6월 모의고사를 본 후에는 더 크게 깨닫습니다.

'C 학생'을 가르친 적이 있습니다. 매우 성실하고 모범적인 학생이었습니다. C 학생의 내신 성적은 좋은 편이었고, 내신 국어 성적도 좋았습니다. 문제는 고3이 되어서야 뭔가 잘못되었다는 것을 느끼기 시작했고, 6월 모의고사를 보고 나서 크게 잘못되었고, 이대로 가면 어려울 것 같은 막연한 불안감이 생겼다고 합니다.

C 학생은 수능이 끝나고 난 후 고3이 되면서 알게 된 그동안의 잘못되었던 국어 공부를 후회했습니다. 그리고 수능 국어를 잘 보기 위해 쏟았던 엄청난 노력을 돌아보았습니다. 그리고 이제 곧 고등학생이 되는 동생이 걱정되었습니다. 아무리 좋은 공부 방법을 배워도 아직은 아이가 철없는 중학생이라 따라갈 수 있을지 걱정되었지만, 공부해 보기로 했습니다.

결과는 좋았습니다. 국어를 아이 수준에 맞는 방법으로 공부하면 읽고 생각하는 재미가 생깁니다. 같은 방법으로 학교 교과서도 읽고 생각하고 공부해가면, 나중에 학교 선생님의 설명이 잘 이해가 되고 더 깊게 공부할 수 있는 토대가 됩니다. C 학생의 동생은 책을 읽는 재미도 생겼습니다.

수능 국어과 학교 내신 국어의 차이를 알아야 아이가 국어 공부를 재미있게 할 수 있습니다. 그리고 그것은 저학년일수록 더 중요해집니다.

국어학원을 두 개 이상 다니는 대치동 아이

어느 날 'K 학생의 어머니'가 물었습니다.

"꼭 국어학원을 두 개씩 보내야 하나요? "

" ..... "

묻는 의도를 확실하게 몰라서 잠시 대답을 못 했습니다.

" 두 군데를 다니는 애들은 국어 성적이 정말 잘 오르나요?"

두 군데를 보내봐야 효과가 없을 것 같은데 남들이 그렇게 하니 어쩔 수 없이 내 아이도 그렇게 해야 하냐를 묻는 것 같았습니다.

"지금까지 우리 가족은 학원이나 사교육 이런 거 없이 정말 아이 하고 싶은 것 하면서도 학교생활도 잘하고, 선생님들도 우리 아이를 좋아하고, 친구들과도 잘 지내고, 근데 우리가 뭘 잘 못했는지 정말 모르겠어요. 아이 친구들은 좋은 대학에 다 갔는데 우리 아이만 못 가서 수능 공부를 시키려고 하는데 아이가 너무 힘들어합니다. 못 따라가겠다고 하네요. 학원을 하나 더 다녀야 할 것 같다고 얘기하고요. 제가 그동안 아이에게 잘못한 건가요?"라고 말하며 제 앞에서 서럽게 울었습니다.

어떤 것이 아이를 위해 부모로서 잘한 선택인지는 아직은 누구도 모릅니다. 부모로서 우리가 아는 건 자식이 어른이 되어 조금 더 나은 선택을 할 수 있게 도와주고 싶은 마음뿐입니다. 저도 부모의 선택에 어떤 영향을 줄 수 있는 얘기들을 하는 것에는 부담이 됩니다.

우리나라 교육에 대해 무언가를 말하고 싶어 하는 사람들은 사교육에 대해 부정적인 의견을 거침없이 말합니다. 그리고 그러한 사교육을 시키는 것이 부모로서 어른으로서 아이들에게 악영향을 끼친다고 말합니다. 그리고 선거 때면 공교육과 사교육의 대립 구도로 교육 정책에 대한 공약을 제시합니다. 그러나 실상은 반전입니다. 말로는 아니라고 하지만 다 합니다. 정치인과 고위공직자가 9시 뉴스에 오랜 기간 나오면 자녀 교육을 위해 저지른 위장 전입이나, 이중국적, 입시비리 등과 관련된 사건이 많습니다. 그야말로 내로남불입니다.

결과적으로 정말 어떤 것이 아이를 위해 잘한 일인지 아직은 모릅니다. 하지만 적어도 우리 아이가 원하는 대학에 가기를 원한다면 사람들의 얘기가 아니라 사람들의 행동을 보고 판단하길 바랍니다. 조너선 라우시 교수의 저서에서 언급한 노벨 경제학상 수상자인 서던캘리포니아대학교 경제학과 이스털린 교수의 말을 옮겨 봅니다.

"사람들의 말이 아닌 행동을 보고, 사람들이 무엇을 느끼는지가 아니라 무엇을 하는지를 보라"

그리고 혹시 지금 이런 고민하는 엄마, 아빠가 있다면 한 가지 더 조언을 드려봅니다. 당연한 얘기지만 학원 몇 군데를 다니느냐의 문제가 아니라 아이가 감당할 수 있느냐의 문제라고 생각합니다. 제가 경험한 곳에서는 두 군데의 국어학원이 아니라 세 군데의 국어학원에 다니면서 좋은 결과를 낸 학생들이 셀 수 없이 많습니다. 물론 좋은 결과를 못 낸 학생들도 많습니다. 그러니 국어학원의 개수가 중요한 것은 아닌 것 같습니다.

국어학원 선택과 몇 군데의 학원에 다니냐는 분명 아이와 엄마, 아빠의 몫인데 저에게 묻습니다. 물론 저는 이와 같은 질문을 적지 않게 받고 있습니다. 그런데 저의 대답이 늘 같지는 않습니다. 아주 당연하고 당연한 얘기지만 학생의 국어 공부 상황과 그에 대한 엄마, 아빠의 인식에 따라 대답이 달라집니다. 대학이 아닌 삶을 보았을 때 어느 것이 옳은 선택인지 저도 지금은 장담할 수 없기 때문입니다. 대부분 이렇게 묻는 경우는 도움이 안 되는 걸 알면서도 보내는 게 맞냐는 생각에서 저에게 동의를 구하는 질문입니다. 그러니 사교육에 대한 편견을 접어두고 아이의 현실적인 공부 상황에 대해 솔직한 얘기를 나누길 바랍니다.

시간과 정확성의 딜레마

'L 학생'이 물었습니다.

"선생님, 저는 지금까지 한 번도 시험 시간 안에 문제를 다 푼 적이 없습니다. 푼 문제는 거의 맞는 편이지만, 주어진 시간 안에 다 풀지도 못해서 고득점을 할 수 있을지 고민이 됩니다. 그래서 지금 공부 방법이 맞는지를 모르겠습니다. 어떻게 해야 할까요?"

L 학생만이 아니라, 성실한 M 학생, K 학생 등이 비슷한 고민을 하고 있으며, 매년 많은 학생이 같은 고민을 얘기합니다.

엄마, 아빠는 이러한 고민을 하는 아이에게 어떤 조언을 하면 좋을까요? 저는 이런 아이에게는 아주 잘하고 있다고 칭찬합니다. 왜냐하면 이 문제는 국어 실력이 완성되어가는 과도기에 나타나는 상황이기 때문입니다. 그런데 이런 상황이 오래 계속되면 아이도 의욕을 잃을 수 있으며, 엄마, 아빠도 답답한 마음에 또 다른 방법에 대해 고민을 하게 되는 경우가 생깁니다.

엄마, 아빠의 말에 영향을 받았는지 모르지만, 시간 안에 문제를 다 해결하지 못하는 이유가 어렸을 때 책을 많이 안 읽어서 그렇다고 얘기하는 경우가 많습니다. 심지어 어떤 경우에는 읽는 속도를 위해 속독학원에 다니기도 한다고 합니다. 이런 상황이 충분히 이해됩니다. 일정 수준의 실력을 갖추기 전까지는 누구나 불안합니다. 시간에 대한 부분은 정말 중요한 시험을 위해서 잠시 미루기를 바랍니다. 왜냐하면 시간 부족의 문제는 대부분이 글을 읽는 속도의 문제이기보다는 정확성의 문제이기 때문입니다.

지문의 내용을 정확하게 이해하지 못하면 문제를 정확하게 판단하기 어렵습니다. 정답 선택을 하기 위해 선지와 지문 사이를 오가는 시간이 오래 걸립니다. 결국 읽는 속도가 느린 것이 아니라 정확하게 이해하지 못해서 문제를 해결하는 시간이 오래 걸리는 것입니다. 그러니 너무 당연한 얘기지만 평소 국어 공부는 정확하게 읽고 푸는 것에 기본을 두어야만 합니다. 그런데 그렇게 국어 공부를 하는 학생은 드뭅니다. 불안하기 때문이지요. 당장 결과를 내야 하는 시험이 아니라면 올바른 방법으로 정확하게 읽고 이해하며 공부하는 것이 중요하지 않을까 합니다.

수능 문제 출제를 경험한 분의 말씀을 빌리자면, 수능 출제 원칙은 빨리 푸는 것을 평가하는 것이 아니라 문제 해결 역량을 평가하며, 만약 출제 문제를 검토하는 과정에서 속도 평가의 성격이 강하면 그 부분이 약화 되도록 수정 보완하는 작업을 거친다고 합니다.

 만약 아이에 대한 믿음이 있다면 저학년일수록 이런 공부 방법이 좋습니다. 남들과 비교하지 않고 양보다는 질적인 국어 공부가 필요합니다.

끝까지 최선을 다하기를 바라는 이유

수능 국어는 EBS를 반영해서 출제합니다. 2022학년도부터는 50% 연계를 한다고 발표했고, 2023학년도 수능에서도 정확하게 50%를 반영해서 출제했다고 보고 있습니다. 이 EBS 50% 연계에 대해서는 의견이 다를 수 있습니다. 50% 연계가 적다고 생각하면 수능에서 영향력이 별로 없다고 볼 수 있고, 많다고 생각하면 영향력이 크다고 볼 수 있을 것입니다.

아이들이 올해 수능 준비를 위해 올해 나온 EBS 문제집을 꼭 풀어야 하냐고 물으면 혼을 내기도 합니다. 이건 풀어야 하느냐 마느냐의 문제가 아니라 몇 번을 어떻게 푸느냐의 문제여야 하기 때문입니다. 만약 제대로 꼼꼼하게 풀 수 있다면 한 번을 풀어도 좋습니다.

제 수업을 들었던 학생 중에 '상연'이라는 미대를 준비하던 학생이 있었습니다. 이해력이 좋으면서 창의적인 학생이었습니다. 그런데 정작 상연 학생은 자신이 이해력이 좋은 편인지를 모르고 있었고, 더군다나 창의적인 사고를 하는 사람이라는 사실을 전혀 모르고 있었습니다. 그러니 처음에는 이런 칭찬에 대해 굉장히 낯설고 어색해했습니다. 아이들은 대부분 성적이 안 좋으면 이해력이 부족하다고 생각하는 경향이 있습니다. 상연 학생도 그랬습니다.

어느 날 상연 학생의 부모님이 찾아오셨습니다. 그리고 정말 감사하다고 말씀하셨습니다. 상연이가 선생님의 칭찬을 듣고 자존감이 많이 높아졌다고 했습니다. 총명한 아이라는 걸 잊지 말라는 말을 그대로 집에 가서 부모님께 한 모양이었습니다. 정말 상연 학생은 시험 점수와는 다른 총명함을 지닌 아이였습니다. 그리고 훌륭한 화가가 국어 점수로 평가받지는 않습니다. 아마 상연 학생이 미술을 안 했다면 학문 연구 분야에서 좋은 업적을 남겼을 거라고 지금도 확신하고 있습니다.

수능을 몇 개월 앞둔 어느 날 상연 학생이 찾아왔습니다. 먼저 EBS 연계 문제집을 하나도 안 풀어서 정말 죄송하고 면목이 없다는 것과 EBS 연계 문제집을 모두 풀 수는 없을 것 같아서 그중 하나만 정해달라는 부탁이었습니다. 평소 밝던 모습과는 다르게 심각하게 우울한 모양이 안쓰러워 하나를 권했습니다. 대신 이번에는 꼭 풀 것을 당부했고, 끝까지 최선을 다하자고 약속했습니다.

수능 성적표가 나오던 날 오전 상연 학생에게 연락이 왔습니다. 지금까지 3등급 이상을 못 넘어가던 점수가 1등급을 훌쩍

넘었다는 것입니다. 너무 기뻐서 성적표를 받자마자 연락을 하고 싶었다고 했습니다. 그리고 조금 있다가 찾아오겠다고 했습니다. 1시간 정도 지난 후 엄마와 함께 온 상연 학생의 얘기는 이렇습니다.

선생님께서 정해준 EBS 연계 문제집을 정말 열심히 풀었다고 합니다. 평소 국어시험에서 시간 안에 다 푼 적이 없었고, 1지문 반 정도는 대충 지문만 살펴보고 찍었다고 했습니다. 수능장에서도 1교시 국어시험이 4분 정도가 남았을 때 1지문이 남았다고 합니다. 이번 시험도 망했다고 생각하고 문제지를 넘겼는데 열심히 푼 EBS 연계 문제집에 있던 고전 소설 지문이 거의 그대로 나왔습니다. 그래서 읽지 않고 문제를 바로 풀고 끝냈다고 했습니다. 시간이 부족해서 기록을 못 했고, 오늘 수능 성적표의 점수를 확인하고 나서야 고전 소설 지문의 모든 문제를 맞았다는 것을 알았다고 했습니다.

최저 등급으로 국어 2등급이 필요했던 승연 학생은 1등급으로 자랑스럽게 고려대학교에 합격했습니다. 아마도 실기 실력이 상당히 좋았던 것 같습니다.

하늘은 스스로 돕는 자를 돕는다고 했습니다. 그리고 끝날 때까지 끝난 게 아니라고 했습니다. 그러니 끝까지 최선을 다하기를 바랄 뿐입니다.

PART 3.

잘못된 생각이 나중에 더 큰 문제가 됩니다

독서와 국어의 연관성

'S 학생의 어머니'가 이렇게 말했습니다.

"우리 아이가 어릴 때부터 책을 읽기 싫어해서 국어를 못 하는 것 같아요."

'L 학생의 어머니'는 이렇게 묻습니다.

"우리 아이는 어릴 때 책도 많이 읽고 글쓰기도 잘해서 상도 받았는데 국어를 못 해요. 정말 답답해요. 왜 이런 걸까요?"

글이라고 다 같은 글은 아닙니다. 국어 시험이라고 하지만 모두 같은 성격의 지문으로 이루어진 시험이 아니기 때문입니다.

학교 국어 시험 점수가 안 좋은 이유는 주어진 범위 내에서 선생님 수업을 잘 안 들었기 때문입니다. 이것은 어릴 때부터의 독서 습관과는 전혀 관계가 없습니다. 수능 국어를 못 하는 이유는 이런 분야에 글을 읽은 경험이 없었기 때문입니다. 수능 국어에서는 한 번도 본 적이 없는 '개념', '현상', '이론' 들이 출제됩니다. 때론 아주 많은 책을 읽어서 우연히 그 읽은 책의 내용이 지문으로 출제될 수도 있겠지만 아주 드뭅니다. 그러니 어렸을 때 책을 많이 안 읽어서 국어를 못 하는 것이라는 생각은 틀립니다. 오히려 그래서 조금 더 열심히 국어 공부를 해야겠다는 마음을 먹으면 됩니다. 마찬가지의 이유로 어렸을 때 책을 많이 읽었다고 반드시 국어를 잘해야 한다는 생각은 위험합니다. 왜냐하면 당연하지 않은데 당연하게 여기면 문제 해결이 더욱 어려울 수 있기 때문입니다. 어렸을 때 재미로 읽었던 글과 평가를 목적으로 하면서, 제한된 시간 안에 생전 처음 보는 개념과 이론을 이해해서 적용하여 문제를 해결하는 것은 많이 다릅니다.

재미로 읽는 글과 국어 시험의 글을 비교해 보겠습니다. 문제는 둘째치고 우선 내용만 보겠습니다. 다음의 글은 백석현의 『경제의 99%는 환율이다』(메이트북스)에 나오는 내용의 일부입니다. '환율'과 '무역수지'와의 관계를 설명하는 부분인데 읽는 부담이 적습니다.

미국이 한국에 대한 무역적자를 개선하고 싶으면 당사국 간 무역 협상을 벌여 무역수지를 개선할 수 있지만, 자국 통화의 약세로도 무역수지를 개선할 수 있다. 예를 들어 1,200원이던 달러/원 환율이 1,000원이 되면, 한국 소비자는 해외에서 1달러에 팔리는 미국 상품을 1,200원이 아닌, 1,000원에 살 수 있으므로 미국 상품의 수용가 늘어난다. 그러면 한국에서 미국 상품을 더 많이 수입하게 되면서 미국은 수출이 증가해 무역수지 적자가 개선된다.

다음의 글은 2022학년도 수능에 나왔던 지문으로 '환율'과 '무역수지'에 관한 내용 일부입니다.

1970년대 초에 미국은 경상 수지 적자가 누적되기 시작하고 달러화가 과잉 공급되어 미국의 금 준비량이 급감했다. 이에 따라 미국은 달러화의 금 태환 의무를 더 이상 감당할 수 없는 상황에 도달했다. 이를 해결할 수 있는 방법은 달러화의 가치를 내리는 평가 절하, 또는 달러화에 대한 여타국 통화의 환율을 하락시켜 그 가치를 올리는 평가 절상이었다. 하지만 브레턴우즈 체제하에서 달러화의 평가 절하는 규정상 불가능했고, 당시 대규모 대미 무역 흑자 상태였던 독일, 일본 등 주요국들은 평가 절상에 나서려고 하지 않았다. 이 상황이 유지되기 어려울 것이라는 전망으로 독일의 마르크화와 일본의 엔화에 대한 투기적 수요가 증가했고, 결국 환율의 변동 압력은 더욱 커질 수밖에 없었다. 이러한 상황에서 각국은 보유한 달러화를 대규모로 금으로 바꾸기를 원했다. 미국은 결국 1971년 달러화의 금 태환 정지를 선언한 닉슨 쇼크를 단행했고, 브레턴우즈 체제는 붕괴되었다.

예를 들었듯이 수능 지문은 생소한 용어들이 자세한 설명 없이 제시되고 있습니다. 굉장히 불친절한 지문입니다. 그래서 아이들은 시험 중에 이 부분을 몇 번이고 읽고, 생각하기를 반복합니다. 고등학교 과정 어디에도 이 내용이 고스란히 나온 과목은 없습니다. 그리고 '환율'이나 '무역수지'라는 용어가 나왔다고 이 글을 이해할 수 있는 것은 아닙니다.

어렸을 적의 독서와 국어 시험은 성격이 전혀 다릅니다. 물론 글을 읽는다는 점에서는 연관성이 없지는 않겠지만 국어를 못 하는 원인을 어렸을 적의 독서로 생각하지 않기를 바랍니다. 그리고 지금부터 국어 시험에 맞게 공부해야 한다는 마음을 갖기를 바랍니다. 엄마, 아빠는 아이의 국어 시험이 많이 다르다는 것을 알고 아이의 국어 공부의 어려움을 위로해 주었으면 합니다.

나쁜 개념과 좋은 개념

국어 공부를 할 때 필요한 것이 '개념'에 대한 이해입니다. 그런데 굳이 '개념'에 대해 '나쁜 개념'과 '좋은 개념'이라고 구분한 이유는 이렇습니다. '개념'에 대한 이해는 필요하지만, 이 '개념'이 우리를 잘못된 방향으로 이끌 수가 있습니다. 우리를 잘못된 방향으로 이끄는 '개념'을 지금부터는 '나쁜 개념'이라고 부르겠습니다.

일반적으로 국어 공부를 할 때 잘못된 방향으로 공부를 하게 되는 경우는 이렇습니다. 그것이 맞는 방향인 줄 알고 가는 것입니다. 나중에 국어 실력이 어느 정도 올랐을 때 내가 지금까지 그 '개념'을 잘못 알고 있었음을 깨닫게 됩니다. 공부할 시간이 제한되어 있지 않다면 상관이 없겠지만 어느 정도 시험을 준비하는 아이에게는 나중에 깨닫는 일이 꼭 좋은 일은 아닐 것입니다. 운이 좋다면 잘못 알고 공부하는 경우라도 잘못을 알게 되기까지의 시간이 오래 걸리지는 않을 수 있습니다. 왜냐하면 그 개념과 관련된 문제들을 자주 틀리게 되고, 그때마다 무엇이 잘못된 판단으로 이끌었는지 고민하게 되고, 곧 그 이유를 발견하게 될 수도 있기 때문입니다.

'개념'을 잘못 알고 있는 것보다 더 안 좋은 것은 알고 있다고 착각하는 경우입니다. 아이들이 국어 공부를 할 때 가장 많이 범하는 실수입니다. 알고 있다는 생각이 들면 비슷한 문제들을 틀리는 이유를 찾아내기가 매우 어렵습니다. 심지어는 그것이 작은 실수라고 생각하기도 합니다. 그래서 '개념'을 알고 있다고 착각을 하는 경우도 스스로 알고 있다고 믿게 하는 '나쁜 개념'이라고 생각합니다.

아이들은 흔히 대충 알고 있는 것도 다 알고 있다고 착각을 합니다. 그래서 조금 더 깊이 있게 생각하기를 꺼립니다. 이미 알고 있는데 더 고민한다는 것을 시간이 아깝다고 생각하기 때문입니다.

'개념'에 대해 알고 있다고 착각하고 있는지 아닌지를 판단하는 방법에 대해 권하는 국어 공부 방법이 있습니다.

문제를 틀렸을 경우 자신이 풀었던 생각의 과정을 말로 설명하는 방법이 좋습니다. 만약 여건이 된다면 옆에 있는 친구에게나 아니면 집에 있는 동생 또는 엄마, 아빠에게도 좋습니다. 설명이 안 되는 경우가 많습니다. 왜냐하면 제대로 알고 있지 않기 때문에 설명하는 과정에서 논리가 멈추게 될 것이기 때문입니다. 그 순간에 내가 알고 있는 '개념'에 대해 조금 더 찾아

보고 생각하고 고민을 하다 보면 그 '개념'을 정확하게 이해할 수 있게 되며, 다음부터는 그 '개념'과 관련된 문제가 나온다면 어렵지 않게 해결할 수 있을 것입니다.

만약 설명할 누군가가 없다면 노트에 설명을 써 보는 것도 좋습니다. 결국 같은 목적을 가진 다른 방법입니다.

조금 더 공부 방법 전체로 잠시 확장해 보면 이런 경우와 비슷합니다. TV에 화가가 나와서 풍경을 그리는 과정을 보여준다면 보는 사람들은 이해가 쉬우면서 나도 할 수 있을 것 같습니다. 그러나 직접 풍경화를 그려보려고 하면 조금 전 본 것처럼 쉽게 될 리가 없습니다. 수영 강사가 물속에서 숨 쉬는 방법과 여러 가지 수영법을 설명합니다. 그 설명을 잘 이해했다고 생각하고 물에 들어갈 수는 없습니다. 이와 같은 이유로 수업 시간에는 이해가 잘 되었다고 생각하고 착각을 하면 들어 본 적이 있고 이해한 것 같지만 문제를 풀지는 못합니다. 공부에서 안다는 것은 문제를 이해하고 풀 수 있다는 것을 의미합니다. 그런 관점에서 보자면 문제를 틀리는 것은 아는 것이 될 수 없습니다.

얘기를 조금 길게 했습니다. 왜냐하면 지금부터의 얘기는 오해의 소지가 있기 때문입니다. 인강 즉 인터넷 강의를 듣는 아이에게 그 취지와는 다르게 그럴 수 있습니다. 아이가 공부하고 있다고 착각하는 경우가 생깁니다. TV에서 풍경화를 그리는 화가의 설명을 듣거나, TV에서 수영을 가르치는 강사의 설명을 듣는 경우와 비슷합니다. 하루 대부분의 시간 동안 인강을 시청하고 공부를 많이 했다고 뿌듯해하는 아이들에게 자주 하는 얘기입니다. 집에서 엄마, 아빠가 장시간 인강을 보는 아이에게 무언가 지적을 해 주고 싶은데 딱히 무엇이 잘못된 건지를 몰라 망설이고 있다면 바로 이 부분일 것입니다. 그때 아이에게 해 주면 도움이 될 수 있습니다.

배경지식이 필요하다 vs 배경지식은 필요 없다

이 물음에 문제는 너무도 답이 뻔하다는 것에 있습니다. 그러면서도 이 물음은 꽤 오래전부터 자주 받아온 질문입니다. 답이 뻔한 이유는 공부에 배경지식이 필요 없는 경우가 없기 때문입니다. 그러면서도 자주 이 질문을 받은 이유는 일부 국어 강사들의 견해를 일부만 받아들였기 때문인 것 같습니다.

상황은 이런 것 같습니다. 어떤 학생이 정말 마음을 굳게 먹고 매일 몇 시간씩 꾸준하게 국어 공부를 하였으나, 성적이 오르지 않았습니다. 몇 번씩이나 제자리걸음을 하는 느낌이 드는 학생은 여기저기 알아보고 상담도 해 봅니다. 대부분의 국어 선생님은 배경지식의 중요성을 강조하면서 쉽게 완성되지 않는다고 말합니다. 그러다가 우연히 배경지식이 없어도 국어 성적을 쉽게 올릴 수 있다는 누군가에 말에 귀가 솔깃합니다.

그 논리는 이렇습니다. 지금 국어 시험은 과거의 시험처럼 암기력을 통해 학력을 측정하는 시험이 아니라 대학에 진학하여 학문을 이어갈 수 있는 자질을 평가하는 시험이므로 본문에 설명이 다 나와 있어서 굳이 배경지식을 얻기 위해 시간을 투자하지 않아도 된다는 논리입니다. 그리고 여기에 힘을 싣는 의견이 수능과 평가원 출제 경험이 있는 분들의 출제 과정과 방식에 대한 설명입니다. 그분들은 모든 문항의 답은 본문을 통해 판단하도록 출제한다고 합니다. 이 부분만 보면 정말 배경지식이 없어도 되는 것처럼 생각됩니다. 그런데 여기서 얘기하는 배경지식은 전문 분야의 지식을 말합니다. 즉 전문 분야의 배경지식이 없어도 그 전문 분야의 내용을 이해할 수 있게 제시문을 작성하고 문제를 만든다는 것입니다.

그런데 제시문의 내용과 문제의 선택지의 내용을 구체적으로 살펴보면 이게 말처럼 쉽지 않습니다. 비문학 분야에서 '채권', '채무', '금리', '환율' 등을 따로 설명해 주지 않습니다. 이를 기본 개념이라고 부르고 싶고, 이를 배경지식이라고 부르고 싶습니다. 윤동주의 '자화상'이 출제되었을 때 전문적인 배경지식이 필요하지는 않았습니다. 그러나 '성찰'이나 '관조'를 모르면 문제를 해결하기 어려워집니다.

이해하셨겠지만 국어 공부에서 배경지식이 필요 없다고 말하는 의미는 '전문적인 배경지식'이 필요하지 않다는 의미이며, 반면에 배경지식이 필요하다고 말하는 의미는 '기본적인 개념'이라는 배경지식은 필요하다는 의미입니다.

간혹 학생들에게 배경지식이 없어도 국어를 잘할 수 있다고 말하는 사람이 있습니다. 주어진 지문만으로도 모든 문제를 풀 수 있다고 말합니다. 만약 그것이 가능하다면 아이들은 모두 국어를 쉽게 잘하고 있었을 것입니다. 과정이 어렵고 힘들지만, 국어 공부에는 '기본적인 개념'인 '배경지식'은 필요합니다.

프로게이머를 하던 S 학생이 9등급으로 시작해서 1년 뒤 1점 부족한 1등급을 받고 감사하다며 인사를 하러 찾아온 적이 있었습니다. 그의 노력에 격려와 존경을 표했습니다. 그리고 그의 끝없이 반복했던 읽기와 이해들이 결국 국어에서 필요한 '기본적인 개념'에 대한 이해였고, '배경지식'을 쌓는 과정이었다는 것을 알았습니다.

선생님이 잘 푸는 이유 vs 나는 잘 안 되는 이유

　　중요한 모의고사를 보는 날, 강사들도 대부분 쉴 틈이 없이 바쁘고 긴장되는 날입니다. 바로 당일 저녁부터 또는 다음 날부터 문제 풀이를 하고, 문제의 출제 경향을 분석해야 합니다. 강사는 문제를 푸는 것만으로는 부족합니다. 풀이 과정과 오답에 대한 이유, 그리고 학생들이 오답을 선택하게 되는 이유를 설명해야 합니다. 계속해서 지문을 읽고 또 읽고를 반복하고, 선택지 하나하나를 분석하고, 다시 또 지문을 읽고 전체적인 내용을 다시 잡아 정리해 보고를 반복합니다. 그런 과정을 집중력 있게 몇 시간을 보내고 나서야 모의고사 수업 준비가 해결됩니다. 그래도 해결이 안 되는 문제는 수업 직전까지 계속해서 보고, 자료를 찾고 다시 생각하고를 반복합니다. 이런 과정을 거친 후 수업 시간에 아이들에게 설명하고 질문을 받습니다.

　　수업을 위한 준비 과정을 모르는 아이들은 어려운 문제를 척척 해내는 선생님이 존경스러울 수 있습니다. 선생님들의 처절한 준비 과정을 모르니까요.

요즘 국어가 그렇습니다. 한두 번 지문을 읽고 문제를 풀어본 학생과 한 번의 수업을 위해 같은 지문을 수십 번 이상을 읽고 분석하는 선생님과 그 문제에 대한 이해의 정도가 다른 건 당연합니다.

그러니 스스로 국어를 못 한다고 생각하지 않았으면 합니다. 국어 강사도 어렵습니다. 때때로 강사이기 때문에 어렵지 않은 척하기도 합니다. 직업이 강사이니까요. 그러나 사실은 강사에게도 어렵다는 얘기입니다.

비슷한 얘기를 해보겠습니다. 'J 학생'은 정말 성실한 학생이었습니다. 본인의 부족함을 알고 기초부터 다지면서 공부해 가는 학생입니다. J 학생이 자주 하는 질문이 이렇습니다. 선생님하고 같이 읽고 풀 때는 잘 이해가 되는데 혼자서 해보면 잘 안 된다고 말합니다. 그래서 정작 시험을 볼 때 본인이 아는 것만큼 잘하기가 어렵다고 합니다.

이유는 앞에서 얘기한 것과 같습니다. 얼마나 그 지문을 이해하고 문제를 풀기 위한 노력 했느냐의 차이입니다. 아이는 결코 선생님이 푼 것처럼 풀 수는 없습니다. 왜냐하면 국어만 공부할 수는 없기 때문입니다. 이미 잘 알고 있겠지만 방법을 배우고 자기 것으로 만드는 과정과 노력의 시간이 필요한 것입니다. 그러니 답답해하거나 자신감을 잃지 않았으면 합니다.

인강으로 국어 공부를 하는 학생들에게 도움이 되는 얘기를 조금 해볼까 합니다. 국어는, 특히 지금처럼 글이 어렵고 문제가 까다로운 경우는 선생님의 푸는 모습을 보고 이해했다고 내 실력으로 가지는 않습니다. 그런데도 보는 것으로 내가 배웠다고 착각하는 경우가 제법 많습니다. 결국을 내가 읽고 고민하는 시간을 투자해야만 인강이 도움이 됩니다.

어느 날 'I 강사'에게서 오랜만에 연락이 왔습니다. 이런저런 안부를 주고받은 후, I 강사는 나에게 이제 강의를 그만둘 때가 된 것 같다고 말했습니다. 자세히 물어보니 요즘 유행하는 'ㅇㄱ 모의고사'를 매주 풀어주고 있다고 합니다. 그런데 이 모의고사의 비문학 지문이 너무 어려워서 몇 번을 보고 또 봐야 겨우 이해가 된다고 합니다. 전에는 이런 적이 없었는데 국어에 대한 감이 많이 떨어진 것 같아 자괴감이 든다고 합니다. 그 얘기를 듣고 저는 I 강사에게 사실 나도 그렇다고 얘기해 준 적이 있습니다. 저도 그 'ㅇㄱ 모의고사'비문학은 너무 어려워서 반복해서 읽어보고 있었으니까요.

그리고 I 강사에게 얼만 전에 있었던 모의고사 분석 회의에서 있었던 일을 얘기해 주었습니다. 분석 회의는 여러 지역의 학원에서 온 국어 강사들이 각자 주어진 시간에 모의고사 문제를 풀고 출제 경향과 난이도, 그리고 등급 컷에 대해 의견을 나누는 회의입니다. 그날 제 옆자리에 앉으신 분이 회의가 끝날

무렵 한숨을 쉬며 반농담 삼아 이제는 부끄러워서 못 가르칠 것 같다고 말했습니다. 조금 전 문제를 풀어보니 본인이 푼 문제 중에서 문제 하나를 틀렸다고 합니다. 지금 국어는 모두에게 어렵습니다.

I 강사가 어렵다고 말한 비문학 지문과 문제는 저도 풀고 해설하는 문제입니다. 저는 그 지문을 이해하고 가르치기 위해 매일 꾸준히 읽고 분석하며 준비합니다. 대부분 강의 준비를 여기에 쏟는 것 같아 아깝다는 생각이 들기도 합니다. 하지만 강사이기에 당연한 일이라고 생각했습니다.

국어 공부에도 흐름이 있는 것 같습니다. 트랜드라고 부를 수도 있고, 유행이라고 부를 수 있고, 대세라고 부를 수도 있는 것이 있습니다. 사설 모의고사가 그것입니다. 공부 기본의 기본은 기출문제 분석입니다. 이 사실을 모르는 강사와 학생은 없습니다. 그런데 대세는 사설 모의고사입니다. 그러니 강사 대부분은 학생들에게 사설 모의고사를 풀게 하고 해설을 해 주거나, 질문을 받아 줍니다.

그런데 이 사설 모의고사라는 게 사실은 평가원보다 훨씬 어렵습니다. 이제는 사설 모의고사를 만드는 회사들 서로가 경쟁하듯, 비문학을 어렵게 출제하고 있습니다. 국어 강사가 보기에도 어떤 지문과 문제는 풀지 않는 것이 학생들에게 더 도움이 될 것 같은 문제들도 있습니다.

그러니 사설 모의고사를 풀 때는 이 문제들의 퀄리티가 좋다, 안 좋다를 판단할 정도의 실력이 되었을 때 푸는 것이 좋을 것 같습니다. 만약 그것이 어렵다면 선생님의 조언을 구하는 것이 어떨까 합니다.

아이의 독서 능력을 향상하려면

 Y 고등학교에 다니는 학생들을 가르친 적이 있습니다. 국어 강사이다 보니 당연히 아이들 국어 점수에 관심이 많습니다. 아이들이 필기시험을 잘 보아도 수행평가를 제대로 안 하면 쉽게 점수를 잃어버리는 경우가 많기 때문입니다. 그래서 수행평가를 잘하고 있는지 종종 확인하게 됩니다.

 Y 고등학교 수행평가 중에 학교 필독서를 읽고 감상문을 제출하는 과제가 있었습니다. 필독서 목록에는 니체의 『차라투스트라는 이렇게 말했다』가 있었습니다. 아이들이 읽기에는 너무 어려울 것 같아서 잘 읽었는지를 확인하기 시작했습니다. 제대로 읽은 학생이 없습니다.

 유명한 책이라고 지금 우리 아이에게 맞는 책은 아닙니다. 만약 우리 아이의 수준보다 높다면 책을 통해 아이가 얻을 수 있는 것이 적어지고 아이는 독서에 대한 흥미를 잃게 될 것입니다. 어쩌면 어렸을 때부터 책에서 멀어지는 이유이기도 합니다.

자신에게 적합한 수준의 책을 읽는 것은 독서의 목적을 효과적으로 이룰 수 있게 하고, 읽기 능력을 키웁니다. 그래서 아이의 읽기 수준을 파악하고, 아이의 읽기 수준에 적합한 책을 선택하는 것이 중요합니다. 그런데 필독서 목록은 읽는 사람의 수준을 고려해서 선정된 것 같지 않습니다. 그래서 좋은 책이지만 아직은 읽을 때가 아닐 수 있습니다.

'렉사일 지수'는 적합한 수준의 책 찾기에 도움을 주기 위해 책에 나오는 어휘가 일상에서 사용되는 빈도와 문장의 복잡성 정도 등을 참고하여 만든 지표의 하나입니다. 책을 읽는 독자의 지수와 책의 지수를 파악해서 예상 독해율을 나타내는 방식입니다. 우리나라에서는 대부분 영어 원서에 해당하는 지표로 활용되고 있지만, 독자 수준과 책의 수준과의 관계를 통해 독서의 목적에 맞는 책을 선정하는 방식으로 활용할 수도 있을 것 같습니다.

아이가 혼자서 책을 잘 읽으려면 책에 나오는 어휘가 아이가 생활하면서 자주 접하는 수준이 좋습니다. 그리고 문장 구조가 아이가 이해하기에 적합한 수준이면 좋습니다. 반대로 얘기하면 아이가 혼자서 책을 읽는 것을 어려워한다면 책을 아이 수준에 맞게 바꾸어 주는 것이 필요합니다. 아니면 엄마, 아빠, 또는 선생님의 도움을 받으며 읽는다면 아이의 읽기 능력이 향상될 수 있습니다.

따라서 엄마, 아빠가 아이의 수준보다 조금은 높아 보이는 책을 읽게 하고 싶다면 아이와 같이 읽으면서 도움을 주어야만 아이의 독서 능력 향상에 도움이 될 것입니다.

엄마, 아빠가 보기에는 너무나 당연한 문제를 아이가 틀리는 이유

"아이의 시험지를 몰래 봤어요. 대놓고 보면 싫어할 것 같아 학교 간 사이에 몰래 봤죠. 그런데 어떻게 이렇게 쉬운 문제들을 틀릴 수가 있죠. 너무나 뻔한데 뭐라 할 말이 없어지네요. 선생님. 선생님께는 정말 면목이 없어요. 정말 열심히 해 주셨는데 못 따라가는 아이를 맡긴 것 같아 부끄러울 뿐입니다."

이번 9월 평가원 모의고사 국어 시험 결과를 두고 'L 학생 어머님'과 통화를 하는 중에 들은 하소연입니다. L 학생은 결코 공부를 못 하거나 안 하는 학생이 아닙니다. 그리고 L 학생 어머니의 이런 하소연도 처음 듣는 얘기가 아닙니다. 모의고사와 중간고사 기말고사를 보고 난 후에 통화할 때마다 들었던 얘기입니다. 물론 어머니께서 답답하고 안타까운 마음에 믿는 저에게 조금 더 관심을 가져달라는 마음인 것도 잘 압니다.

'H 학생의 아버지'는 이렇게도 말씀하십니다.

"난 평생 이런 점수를 받아 본 적이 없었는데, 한심해요. 물론 아이에게 이런 말을 한 적은 없지만요. 어휘력이 문제인 것 같아요. 중학생들도 아는 단어 아닌가요……"

고등학교 시절 공부를 잘했던 엄마, 아빠가 자주 하는 실수입니다. 이렇게 말씀하시는 엄마, 아빠가 본 아이의 시험 문제는 정말 쉬운 문제들이었을까요? 네 쉬운 문제들 맞습니다. 그런데 엄마, 아빠가 모든 문제를 풀어 보고 판단한 게 아니라 아이가 틀린 문제 중에서 엄마, 아빠가 보기에도 맞출 수 있었던 쉬운 문제만 본 겁니다. 시험에 결정적인 영향을 미치는 것 중 하나가 시간에 대한 압박입니다. 그냥 편한 대로 문제를 풀 수 있는 것이 아니라, 주어진 시간 내에 내가 맞출 수 있는 모든 문제에 최선을 다해야 하는 것입니다. 이게 국어 시험에서 가장 어려운 부분이기도 합니다. 그러다 보니 완벽하게 자기 실력을 발휘하기가 너무도 어렵습니다. 그리고 문제의 난이도를 미리 알아보고 풀 수도 없습니다. 그러니 쉬운 문제를 틀리는 경우가 생깁니다.

꼭 그럴 필요는 없지만 그래도 아이의 국어 실력이 의심된다면 80분 45문항의 수능 문제를 한 번 풀어 보시면 됩니다. 아니면 시험 앞부분에 나오는 17번까지만 풀어 보셔도 금방 아실 겁니다. 학생마다 다소 차이가 있겠지만, 실제 시험에서는 지문 하나와 문제 해결까지 8분 정도 걸립니다.

학교 내신 시험 문제든, 수능 시험 문제든 모든 문항이 어려운 것은 아닙니다. 평균을 고려하고, 학생들 간의 변별력을 갖추기 위해 문제를 냅니다. 물론 이게 쉬운 일이 아닙니다. 그래서 국어 시험이 어렵습니다. 많이 공부해도 적게 얻습니다. 가장 실망한 사람은 바로 아이일 것입니다.

최저를 못 맞춘 고3 우리 아이에게 수시는

고3 아이는 대학 입시가 처음입니다. 그 아이가 첫 아이라면 엄마, 아빠도 입시가 처음입니다. 처음이라서 부족한 것이 있습니다. 바로 경험입니다. 수능도 그렇지만 수시 전형에서 면접과 논술은 경험이 특히 중요합니다.

아이가 수능을 보고 집으로 돌아온 뒤 채점을 하고 점수를 계산합니다. 그 점수를 가지고 여러 입시사에서 발표한 예상 등급 컷을 확인합니다. 수시 최저를 못 맞추었습니다. 아이는 풀이 죽고, 엄마, 아빠는 어떤 말을 해 주어야 할지 잘 모릅니다. 그래서 내일부터 있는 논술 시험이나 다음 주에 있는 면접시험에 가야 하는지를 물어보지 못합니다. 아이는 최저를 못 맞추었다는 생각에 시험 보러 갈 필요가 없다고 생각할 것입니다. 엄마, 아빠도 최저를 못 맞추었으니 당연히 갈 필요가 없다고 생각하여 동의합니다.

그러나 꼭 가야만 합니다. 시험장에 가서 시험을 보고 와야 합니다. 면접도 마찬가지입니다. 정말로 가기 싫어도 내년을 위해 가야만 합니다. 비슷한 실력이라면 논술 시험 경험자가 훨씬 유리합니다. 동일한 학교의 논술 시험 경험자가 훨씬 더 안정되게 잘 쓸 확률이 높습니다. 첫 경험은 누구나 떨려서 정신이 없습니다. 그러니 경험자가 유리합니다. 논술은 비슷한 실력의 학생들이 모여서 겨루기 때문에 약간의 점수로 당락이 결정되는 경우가 많습니다. 만점으로 합격하는 것이 아니라 상대적으로 조금만 더 잘 쓴다면 합격할 수 있는 전형이기 때문입니다.

특히 극상위권 대학, 학과를 목표로 하는 아이의 엄마, 아빠라면 반드시 아이를 설득해야 합니다. 지금까지 이 조언을 받아들이고 논술을 보러 간 아이들은 1년 뒤 대부분 합격했습니다. 특히 그 어렵다는 의대 논술 전형을 통과한 학생도 많습니다. 그러니 당장에 우울함은 잠시 뒤로 미루고 1년 뒤 목표를 위해 크게 한 걸음 나가는 것이 꼭 필요합니다.

수능을 보고 얼마 후 고3 학생들은 내신 시험을 봅니다. 수능이 끝나면 모든 것이 끝난 것처럼 느끼는 고3입니다. 경험이 없으니까요. 그러다 보니 남아 있는 내신에 대해 신경을 쓰지 않습니다. 고3 때 준비하는 입시에서는 3학년 1학기 정도까지만 반영하는 곳이 많습니다. 그러나 내년의 입시라면 상황이 달라집니다. 고3 마지막 시험을 형편없이 봐서 다음 해에 후회하는 아이들이 너무 많습니다. 반대로 생각하면 고3 마지막 시힘은 조금만 준비해도 상대적으로 좋은 결과를 얻을 수 있습니다. 그리고 그 결과의 혜택은 1년 뒤에 받을 수 있습니다.

수능 후 짧은 기간 엄마, 아빠에게는 입시에 대한 집중력이 필요합니다.

PART 4.

엄마, 아빠에게 꼭 주고 싶은 마지막 조언입니다

고3이 되면 알게 되는 현실감

'현타'라고 부르는 말이 있습니다. 아이들이 흔히 '현타가 온다'라고 말하면 갑자기 느끼는 현실에 대한 자각, 또는 현실감을 의미합니다. 아이들이 이 말을 사용하는 상황을 보면 갑자기 자신의 존재감이 없다고 느껴지거나 혹은 자괴감이 들 때 많이 씁니다.

아이가 고3이 되고 첫 번째 모의고사를 본 후 성적표를 보는 순간 엄마, 아빠는 '현타'가 옵니다. 열의 아홉이 그렇습니다. 우리 아이는 적어도 연고대는 갈 줄 알았는데 그게 안 될 수도 있을 뿐만 아니라 대학조차 가기 힘들 것 같다는 불안과 걱정이 밀려듭니다. 이게 아이가 고3 되면 알게 되는 대한민국 학부모의 현실감입니다.

고3 아이의 상황을 보겠습니다. 세상의 주인공은 '나'입니다. 그건 맞습니다. 그리고 어렸을 적에 보았던 영화나 드라마에서 본 주인공처럼 내가 마음을 굳게 먹고, 집중해서 성공하는 그런 꿈과 상상을 하고 살아왔습니다. 그러다가 뜻하지 않게,

생각대로 되지 않는 현실을 만나면 '현타'가 옵니다.

국어라는 과목도 그렇습니다. 아이들에게는 모국어이고 어떤 법칙을 이해하거나 배우지 않아도 언제든 읽고 쓸 수 있다는 생각에 특별한 걱정이 없습니다. 그러니 대비도 허술하고, 학원을 따로 다녔어도 강한 동기부여가 없으니 충분한 준비가 안 되어 있습니다.

고3이 되고 첫 번째 모의고사를 보는 날 1교시 국어 문제를 보는 순간 뭔가 이상하다고 느끼게 됩니다. 그리고 알 수 없는 불안감이 생기는 것을 느낍니다. 그리고 비로소 어쩌면 내가 올해 원하는 대학을 못 갈 수도 있다는 현실감을 느낍니다. 이 과정이 대한민국의 아이들이 대부분 겪는 것이라고 보면 됩니다. 여기서 엄마, 아빠가 이런 아이의 상황을 조금은 일찍 알고 누구나 겪는 과정임을 설명하고 아이를 위로하고 격려한다면, 오히려 좋은 자극이 되어 아이에게 적어도 1년간의 강한 동기부여가 될 수 있습니다. 그러나 많은 엄마, 아빠는 아이를 위로하는 방법과 격려하는 방법을 찾지 못해 안타까워만 합니다.

수능 국어가 이런 고3 현실의 가장 큰 원인이 됩니다. 11년 동안 다른 과목에 비해 언제든 잘할 수 있다고 생각한 과목이 결정적인 순간에 도대체 무슨 글인지도 모를 정도로 어려워진 지문과 문제를 1교시에 만나는 순간 자신감이 저 끝을 알 수 없는 바닥으로 떨어집니다. 이제 그 이유를 얘기해 볼까 합니다.

국어라는 과목은 나이와 학년에 맞게 난이도를 조절하는 것이 매우 어렵습니다. 아니 어렵다기보다는 불가능에 가깝다고 말하고 싶습니다. 오죽하면 수능을 출제하는 한국교육평가원에서 매년 예년과 같은 방식으로 수능의 출제 기조에 맞게 출제했다고 마치 대본을 외우듯이 똑같은 대사를 말하지만, 그해 수능의 결과들은 아이와 엄마, 아빠를 당황스럽게 만드는 결과를 매번 연출합니다. 어마어마한 출제진과 엄청난 비용을 투여해도 국어 난이도 조절은 그만큼 어렵습니다.

초등학교 국어와 중학교 국어가 다릅니다. 그리고 중학교 국어와 고등학교 국어가 다릅니다. 그런데 고1, 고2 때 학교에서 배운 국어와 고3이 공부해야 하는 수능 국어는 지금까지 시기별로 달라진 국어와는 차원이 다릅니다. 시냇물을 보고 자란 아이가 넓은 호수를 보고 놀랍니다. 그 아이가 자라서 큰 강을 보고 또 한 번 놀랍니다. 그러던 아이가 점점 자라서 어느 날 태평양 한가운데에서 망망대해를 보고 놀랍니다. 이때는 앞에서 놀란 그 정도의 크기와는 비교가 안 될 것입니다. 고3이 첫 번째 모의고사에서 1교시에 국어 문제를 처음 보는 순간이 바다를 보는 순간이라고 보면 비슷합니다. 그 순간은 그냥 막막하다고 합니다. 그래서 대부분 '멘탈'이 나간다고 합니다.

아이가 고3이 되고 처음 모의고사를 본 후 국어 공부를 하겠다고 마음을 먹습니다. 그런데 이번에는 다른 과목도 공부해야 하고 학교 공부를 잘 따라가야 하며 내신 성적을 잘 받아야 '수시'에서 유리하다고 들어서 내신 준비도 해야 합니다. 그리고 '수시'를 위한 '스펙'도 관리해야 합니다. 그래서 아이는 어떤 것을 얼마나 할지 모르는 상황이 됩니다. 그중에 국어를 얼마나 어떻게 공부해야 할지 모르는 상황이 포함됩니다. 그래서 아이들은 어쩔 수 없이 여러 학원과 여러 문제집에 의존하게 됩니다. 특히 아이들이 이때 가장 많이 의존하는 것이 '인강'입니다.

모르는 것이 너무 많고, 빨리 끝내야 다른 것도 공부할 수 있기에 화면을 켜고 강사의 설명에 따라 보고 있으면 공부가 된다고 착각을 많이 하게 됩니다. 스스로 읽고 풀지 않으면 국어 실력은 늘지 않습니다. 손흥민 선수가 화면으로 드리블 기술을 설명하고 보여 준다고 아이가 드리블을 잘하기는 어렵습니다.

인강을 효율적으로 활용하려면 설명을 듣는 시간과 스스로 읽고 푸는 시간의 구분이 필요합니다. 내용에 따라 다르겠지만 설명이 10% 정도라면 90%는 스스로 읽고 푸는 시간이어야 합니다.

어느 지역의 고3은 85% 정도 재수를 한다고 합니다. 그리고 재수생의 32% 정도가 국어 때문에 재수를 한다고 합니다.

고3이 되기 전이라면 미리 국어 공부를 잘 시키길 바랍니다. 모르면 어이없이 당하지만, 알고 있다면 다릅니다. 다른 과목을 공부하느라 바쁘기도 해서 국어 공부 시간이 부족할 수 있지만, 그러기에는 국어가 매우 어렵습니다. 그리고 편한 방법보다는 아이 스스로가 직접 읽고, 생각하고, 판단하는 국어 공부가 아이에게는 진짜 국어 공부가 될 것입니다.

재수생이 되면 알게 되는 아이의 현실감

재수하고 있는 B 학생의 얘기입니다. 지난 토요일에 근처 단과 학원에서 수업을 들었을 때 문득 이런 생각이 들었다고 합니다. 옆자리에 앉은 고3 학생이 집중하지 않고 대충 듣는 것같아 바로 1년 전 나의 모습을 본 것 같았고, 내가 왜 재수를 하게 되었는지 알 것 같다고 합니다. 현재의 B 학생이 보기에 고3인 학생이 아직 철이 덜 든 모습이겠지요. 그리고 지난날 막연하게 어떻게든 되겠지 생각하고 보냈던 시간을 돌아보게 되었다고 합니다.

1월에는 일찍 재수를 결정하고 시작하는 학생들이 있습니다. 이 1년을 통해 반드시 목표를 이루겠다는 결심보다는 내가 왜 이렇게 되어야만 했나를 떠올리는 경우가 대부분입니다. 지역에 따라 다를 수 있겠지만 한 반에 85% 정도가 재수하는 상황이라, 그것이 과연 나의 잘못일까요? 아니면 구조적인 문제일까요? 이때 느끼는 아이의 재수생으로서의 현실감은 아마 생애 최초의 경험이자 평생 잊지 못할 경험이 될 것입니다.

엄마, 아빠에게 묻습니다. 85% 정도면 거의 그렇게 된다고 보는 것이 합리적이지 않을까요? 이 수치는 아이의 게으름이 원인이라고 보기는 어렵습니다. 그러니 재수를 하면 고등학교 4학년이라고 생각하는 것이 아이와 소통하기 쉽고 관계도 좋아질 수 있습니다. 그러나 안타깝게도 많은 엄마, 아빠들이 재수를 아이가 못 해서 불필요하게 다시 하게 되는 것이고, 그 선택도 아이가 한 것이니 아이가 성인으로서 책임을 져야 한다고 생각하기도 합니다.

지금 입시는 경기로 따지면 개인 경기처럼 보이는 단체 경기와 같습니다. 개인 경기라고 하지만 현실은 철저하게 역할을 나누어 아이는 오직 공부에만 집중할 수 있도록 도와주어도 되는 경기입니다. 그러니 아이를 벌판에, 정글에 혼자 두지 않았으면 합니다. 가뜩이나 서럽고 외로운 것이 재수입니다.

그렇게 시작한 재수 생활에서 성실하게 공부하면 성적이 자연스럽게 올라가서 장밋빛 미래가 펼쳐질 것 같습니다. 하지만 성적이 쉽게 오르지 않습니다. 모든 과목이 그렇지만 국어 과목은 변화가 없는 것처럼 보이기 쉽습니다. 그 성적 정체의 기간이 길수록 불안과 무기력이 아이를 괴롭힙니다. 6월 모의고사를 보고 난 후 작년과 비슷한 성적이라는 사실에 다시 현실감이 옵니다. 성적에 가장 민감한 것은 아이입니다. 아마 가장 힘든 시기일 것입니다.

현명한 엄마, 아빠라면 이 상황을 알고 이해해주면 아이는 성공의 길로 들어서게 됩니다. 성실하게 공부하면 성적은 오르게 되어있습니다. 그러나 국어 성적이 오르는 시기는 학생마다 다릅니다. 특히 국어 성적은 우상향의 직선 그래프를 그리며 오르기보다는 계단식으로 오르는 경우가 많습니다. 어떤 경우는 슬럼프 기간에 떨어지기도 합니다. 그럴 때 아이의 자신감이 무너집니다. 그런 상황이 되면 엄마, 아빠가 아이의 노력을 인정해 주며 방향이 맞으니 국어 성적은 시간 문제라고 격려해 주면 아이는 정말 힘을 얻습니다.

사실이 그렇습니다. 누구나 자신이 하는 일에 100% 확신은 어렵습니다. 그런데 누군가가 옆에서 나의 확신을 믿어주고 나를 도와준다면, 아이는 성공에 대한 확신이 생깁니다. 그 역할을 하는 사람이 엄마, 아빠라면 좋습니다.

불수능과 물수능

아이가 입시에 가까운 나이가 될수록 엄마, 아빠는 알아야 할 것이 많습니다. 입시는 아이만 열심히 공부하면, 모든 것이 잘 될 것이라는 생각은 대단히 위험합니다. 그리고 어쩌면 상황이 나아지지 않고 제자리걸음을 하게 될 수도 있습니다. 그러니 알 때까지 제자리걸음을 하게 하는 것일 수도 있습니다.

수능 날 인터넷 검색어 1위는 당연히 수능 관련어들입니다. 그런데 '불수능'이라는 검색어가 1위를 차지하는 경우가 있습니다. 문제가 너무 쉬워서 학생들 간의 변별력이 적은 수능을 '물수능'이라고 부릅니다. 반대로 문제가 너무 어려운 시험을 '불수능'이라고 부릅니다. 몇 년간 쉬운 수능으로 인해서 변별력의 문제점을 지적하면서 '물수능'이라는 말이 유행했습니다.

'물수능'과 '불수능'에서 영향력이 더욱 큰 것은 1교시 국어입니다. 2교시 수학은 늘 어려워하는 과목이기에 갑자기 너무 어렵게 출제되어도 아이들은 그런가 보다 합니다. 수학은 항상 어려웠으니까요. 그런데 국어에 대해서는 다릅니다. 쉬울 때와 어려울 때를 예측할 수 없고, 수능 1교시다 보니 2교시 수학에 대해도 심리적으로 영향을 줍니다.

1교시를 비교적 무난하게 본 경우에는 크게 문제가 되지 않습니다. 그런데 만약 1교시를 제대로 못 보내서 시험을 망했다고 생각을 하게 되면 2교시 수학에 집중하기가 매우 어렵습니다. 아이에게는 이런 경험이 없으니까요. 그래서 1교시 국어가 매우 어려웠던 수능에서는 1교시가 끝난 후 수능을 포기하는 아이들이 몇천 명까지 나옵니다. 사실 여기서 중요한 것은 모두에게 똑같이 어려운 시험인데, 자기만 못 봤다는 생각에 수능 자체를 포기하거나, 2교시 수학에서 자신의 평소 실력을 발휘하지 못하게 된다는 것입니다.

수능 시험이든 내신 시험이든 여러 과목을 볼 때는 매 과목에 집중하는 것이 매우 당연합니다. 그렇지만 아이들은 아직 경험이 부족해서 자꾸 지난 시간에 보았던 과목에서 실수했던 것을 떠올리며 지금 보고 있고, 앞으로 보아야 할 시험에 대해 집중력이 떨어집니다. 그래서 평소 시험을 치기 전의 아이들에게 꼭 당부합니다. 1교시 시험을 끝내고 친구들과 답을 비교해 보거나 1교시 문제에 대한 주변 친구들의 얘기에 신경을 쓰지 않도록 노력하라고 말이죠.

'물수능'이 되면 실수를 안 하는 아이들이 매우 유리합니다. 제가 가르치는 'W 학생'은 '물수능'의 혜택을 본 학생입니다.

보통은 과목의 만점을 넘어서는 정도의 실력이어야 수능에서 좋은 결과를 얻습니다. 그런데 W 학생은 평소 모의고사 국어와 수학에서 만점을 맞아 본 적이 없었습니다. 평소 중상위권 정도의 실력을 유지하고 있었지만, 쉬운 국어와 쉬운 수학에서 실수를 안 한 덕에 만점 가까운 점수를 얻었습니다. 본인에게는 평생의 최고의 점수였습니다.

'물수능'에서는 어느 정도의 실력 이상만 되면 누가 실수를 안 하느냐가 입시에 영향을 줍니다. '물수능'에서는 어려운 문제를 빨리 잘 풀던 최상위권 학생들이 한 문제의 실수로 인해서 낭패를 보는 시험이 됩니다. 즉 '물수능'은 변별력을 잃은 시험이 됩니다. 참고로 최근 5년 동안은 '물수능'은 없었습니다.

'불수능'에서는 상황이 달라집니다. 2교시 '수학'은 이미 어느 정도 어렵다는 것을 알기 때문입니다. 1교시 국어가 매우 어려울 때 '불수능'에 영향력이 더 커집니다. 최근 몇 년간 국어가 어려운 시험이 계속되고 있습니다. 2023학년도 수능 국어가 작년보다는 쉽게 출제되었다고 합니다. 그런데 작년 수능이 워낙 어려워서 상대적으로 올해 국어가 쉬운 것이지 결코 쉬운 시험은 아닙니다. 계속 어렵게 출제되고 있는데 이제는 어느 정도로 어렵냐의 차이인 것 같습니다. 어떤 경우에는 국어 점수가 대학과 학과의 수준을 결정하는 일이 생깁니다. 몇 년 전

인터넷 수험생 카페에 올라왔던 수능 성적표와 의대 합격 사진이 엄청난 파장을 일으킨 적이 있습니다. 정시에서 의대를 가려면 수학이 1등급이 아니면 어렵습니다. 그런데 수학이 2, 3등급도 아닌 차마 등급을 밝히기 민망할 정도의 수학 등급으로 의대에 합격한 사진을 인터넷 수험생 카페에 올렸습니다.

수능 점수는 표준 점수를 적용합니다. 수험생 전체의 점수의 평균을 구하고, 표준 편차를 구해서 난이도에 따라 환산한 점수를 나타냅니다. 즉 어려운 시험을 잘 볼수록 표준 점수가 높습니다. 파장을 일으킨 의대 합격의 경우 쉬운 수학을 못 봐서 낮은 점수를 받았지만 어려운 국어에서 높은 점수를 받다 보니 못 본 수학 점수를 만회하게 된 것입니다. 국어가 어렵게 출제 되면 이런 상황이 벌어지게 됩니다.

수능 1교시 국어가 이렇다 보니 국어에 관심이 많습니다. 요즘 가장 핫한 과목이 국어가 아닐까 합니다. 단기적이든 장기적이든 아이의 대학을 준비해야 하는 상황이라면 엄마, 아빠는 국어가 어려워지는 상황과 그 의미를 아는 것이 필요합니다.

비문학을 독서라 부릅니다

엄마, 아빠가 아이의 국어에 관심을 가질 때 제일 먼저 해야 할 일이 공부와 관련된 용어일 것입니다. 수능 국어 문제는 총 45문항이 출제됩니다. 2022학년도부터 선택과목 체제로 바뀌어서 총 45문항 중 34문항은 공통 문항으로 독서와 문학이 각각 17문항씩 출제가 됩니다. 남은 11문항이 선택과목인데 일명 화작(화법과 작문)과 언매(언어와 매체) 중에서 선택할 수 있습니다.

수능 문제에서 '독서'는 일상생활에서 사용하는 '독서 습관' 할 때의 독서와는 다른 의미입니다. 그냥 '비문학'이라고 생각하면 됩니다. '화작'은 '화법과 작문'의 줄임말이며, '화법'은 말하고 듣는 활동을 지문의 형태로 제시하여 객관식으로 출제합니다. '작문'은 글쓰기 활동을 역시 지문의 형태로 제시하여 객관식으로 출제됩니다. '언매'는 '언어와 매체'의 줄임말이며, '언어'는 '국어 문법'을 말하며, '매체'는 신문이나 SNS 등의 매체 등을 활용한 의사소통의 내용을 지문의 형태로 제시하여 객관식으로 출제됩니다.

아이가 고등학생이 되어 '국어'라는 과목을 공부할 때, 교과서에는 설명되어 있지 않은데, 선생님들은 자주 사용하는 용어들이 있습니다. 거기에는 수능과 관련된 용어부터 국어 과목과 관련된 용어들이 상당히 많은 편입니다. 모든 공부가 그렇듯 공부를 해 나가면서 모르는 용어가 나올 때마다 인터넷을 활용하거나 선생님께 물어가며 정확하게 이해하며 공부해 나가는 것이 꼭 필요합니다. 만약 아이의 국어 공부에 관심이 있고, 아이의 국어 공부를 도와주고 싶다면 공부와 관련된 강연을 보고 듣거나, 공부 관련 책을 읽을 때, 생소한 용어를 잘 메모해 두었다가 하나하나 잘 찾아보길 바랍니다.

　아이가 국어를 어려워할 때 엄마, 아빠가 아이가 하는 국어에 대해 잘 모르면 이렇게 말하기 쉽습니다.

"국어는 그냥 글을 잘 읽으면 거기에 답이 다 있는데 그걸 왜 어려워하니?"

　그야말로 아이에게 조금도 도움이 안 되는 말입니다. 적어도 아이가 어려워하는 이유가 지문, 발문, 선지 중에서 어느 부분 때문인지를 아이와 함께 고민할 수 있다면 아이에게 많은 도움이 될 것입니다. 그러기 위해서는 '지문', '발문', '선지' 등의 의미를 아는 것이 필요하지 않을까 합니다. 어쩌면 엄마, 아빠에게 이것은 아이를 이해하고 대화할 수 있는 기회인지도 모릅니다.

아이의 입시를 대하는 대한민국 엄마, 아빠에게

할머니의 재력, 엄마의 정보력, 그리고 아빠의 무관심. 이 세 가지가 아이의 입시 성공의 필수 조건이라는 말이 유행했었습니다. 지금은 더 나아가 아빠의 정보력이 좋아서 아이의 입시를 성공으로 이끄는 경우가 많습니다. 지금부터의 얘기는 대한민국 엄마, 아빠가 아이의 입시에 대해 알아야 할 몇 가지입니다.

수험생들이 엄마, 아빠에게 가장 듣고 싶어 하는 말은 딱 하나입니다. '오늘도 고생했다'입니다. 더 이상의 다른 말은 안 해도 아이들은 고마워합니다. '아, 엄마, 아빠도 내가 고생하는 것을 알고 계시는구나.' 아이에게 하고 싶은 말은 모든 시험이 끝나고 하면 됩니다. 참 쉽습니다. 그러면 아이가 엄마, 아빠에게 물어보고 싶은 것이 있을 때, 자연스럽게 물어봅니다. 엄마, 아빠는 이런 기다림의 자세가 필요합니다.

아이가 수험생이 되면 모의고사를 보게 됩니다. 당연히 성적이 나옵니다. 기대한 것과는 너무 다른 아이의 성적에 엄마, 아빠는 충격을 받습니다. 그런데 엄마, 아빠가 본 것은 모의고사 점수이며 모의고사 등급 정도라서 그것이 어느 정도의 대학을 갈 수 있는 성적인지는 아직은 판단할 수 없습니다. 그리고 단지 이것은 모의고사일 뿐입니다. 입시 과정이지 결과가 아닙니다. 그러니 감정에 앞서서 아이에게 안 해도 될 말을 하면 입시 끝날 때까지 아이와 대화를 못 하게 될 것입니다.

모의고사 성적표에 나오는 표준점수, 백분위, 등급 등은 검색을 해 보면 금방 이해할 수 있습니다. 엄마, 아빠가 궁금한 건 우리 아이가 갈 수 있는 대학의 레벨일 것입니다. 여러 입시 사이트가 있습니다. J사, M사, U사 등이 있으니 이 중에 둘 이상에 가입해서 성적표에 나온 대로 입력하면 어느 대학 어느 학과라는 것을 대략 알게 됩니다. 중요한 것은 이 입시사의 프로그램도 작년까지의 입시 결과를 가지고 예측을 하는 것이니 절대적으로 신뢰할 필요는 없습니다. 그래서 두 가지 이상의 사이트에서 나온 공통된 결과를 가지고 생각하면 됩니다. 그러니 아이의 지금 상황을 생각해서 물어보지 않아도 알 수 있습니다.

수능 성적으로 대학을 가는 것이 유리하면 정시 지원을 노리면 됩니다. 수능 성적보다 내신 성적이 좋으면 수시 지원을 노리면 됩니다. 아이가 논술을 잘 쓸 수 있다면 수시 지원에서 논술 전형을 노리면 됩니다.

지금까지의 모의고사 성적으로 보았을 때, 수시 지원에 대한 정보는 '어디가'라는 사이트가 신뢰할 만합니다. 학교 진학 선생님께 물어보면 작년까지의 선배들의 수시 결과를 알 수 있으니 가장 믿을만합니다. 수시와 관련해서 학교의 도움을 받지 못해도 불안할 필요는 전혀 없습니다. 그만큼 수시 관련 정보는 '어디가' 사이트가 좋습니다.

입시 컨설팅은 모두 이 과정으로 이루어집니다. 수시 지원은 수능을 보기 전에 하는 것이라서 가입한 입시사들의 데이터를 기준으로 6개의 원서 중 2개는 안정, 2개는 적정, 2개는 상향으로 지원하는 경우가 가장 일반적입니다. 이 과정을 알면 아이와 대화하기가 수월합니다. 여기서 중요한 엄마, 아빠의 자세는 아이에게 먼저 말하는 것은 금물입니다. 아이는 이미 수시와 정시에 대해 알아본 후 정해두고 있을 겁니다. 그러니 조금 답답하겠지만 아이를 믿고 기다리면 됩니다. 아이는 지원 대학을 결정하기 전에 엄마, 아빠에게 반드시 의견을 물어봅니다. 그때 엄마, 아빠가 알고 있는 것과 알고 싶은 것을 얘기하면 됩니다. 아이는 엄마, 아빠가 이렇게 모든 것을 알고 준비한 것에 놀라고 자기를 끝까지 믿어주고 있다는 생각에 고마움을 느낄 겁니다.

정시 지원은 수능 성적표를 가지고 수시와 같은 방식으로 두 개 이상의 입시 사이트에 점수를 입력하면 지원 가능 대학과 학과가 나옵니다. 역시 작년까지의 입시 결과를 가지고 예측해서 만든 프로그램이라서 절대적으로 신뢰할 필요는 없습니다. 이때는 수능 성적표를 가지고 매년 코엑스에서 열리는 대입 정시 박람회를 가서 각 대학교 입학처에서 나온 분과 상담하면 가장 정확합니다. 주요 입시사들은 각 대학교에서 발표한 합격생의 70% 또는 80%에 해당하는 합격생들의 성적을 공개합니다. 낮은 점수로 들어간 학생의 성적은 공개할 때 제외하는 경우가 많습니다. 그래서 입시사에서는 나머지 부분을 예측하거나 대학에서 공개한 점수를 기준으로 프로그램을 만듭니다. 그래서 입시사마다 같은 대학과 같은 학과인데 예측 결과가 차이가 나는 경우가 생기는 것입니다. 특히 중위권 대학 아래로는 예측의 차이가 심해질 수 있습니다.

마찬가지로 엄마, 아빠는 이 모든 것을 조용히 알아보고 아이가 의견을 물으면 알고 있는 내용을 애기하면 좋습니다. 수험생 아이는 자기가 성인이라고 생각합니다. 그러면서도 도움이 필요한 순간이 많은 아이입니다. 지나치게 보호받거나 간섭받으면 성인으로서 대우받지 못해서 싫어합니다.

아이도 엄마, 아빠가 자기를 도와주길 바란다는 것을 압니다. 그리고 아이는 엄마, 아빠가 자기보다 입시에 대해 모른다는 것도 압니다. 그래서 아이가 엄마, 아빠에게 원하는 것은 입시 정보가 아니라 자기의 상황을 이해하고 자기의 노력을 인정하고, 자기의 최종 선택을 도와주는 것입니다.

아이의 수시를 대하는 대한민국 엄마, 아빠에게

수시는 9월 10일 전후에 지원이 시작되며, 그 전 9월 1일 전후로 평가원 모의고사를 봅니다. 그리고 그 가채점한 점수를 가지고 수시를 지원하게 됩니다. 만약 수험생인 아이와 함께 수시를 준비하게 되는 엄마, 아빠라면 축복받은 겁니다. 아마 대한민국 엄마, 아빠 중에서 아이에게 도움을 주고 싶지만 수시 지원에 대해 아는 것이 많지 않아서 어쩔 수 없이 못 하는 경우가 정말 많습니다. 그러니 아이와 함께 수시를 준비할 수 있다는 것은 행복한 일일 것입니다.

가장 먼저 아이와 함께 진로 얘기를 나누는 것이 좋습니다. 먼저 아이의 생각을 물어보는 게 좋습니다. 엄마, 아빠에게 직접적으로 말을 안 하더라도 아이의 마음은 그렇습니다. 아이의 입시를 어렵지 않게 해결하려면 진로와 그 방향에 맞게 학과의 범위를 정해 가는 것이 가장 중요합니다. 아이의 점수만을 기준으로 학교와 학과를 보게 되면 합격이 되어도 후회하는 경우가 많습니다.

그리고 이제 2~3개의 주요 입시 사이트에 가입합니다. J사, M사, E사, D사, U사 중에서 어느 것도 크게 상관없습니다. 각 입시사는 자기 회사 나름대로 정보를 가지고 작년까지의 입시 결과를 토대로 예상을 합니다. 그래서 입시사마다 아이의 점수로 지원 가능한 학교와 학과가 다릅니다. 그래서 1개의 입시 사이트로는 곤란할 수 있습니다.

아이의 9월 모의고사 가채점한 점수를 입력하면 정보가 제공됩니다. 자세한 것은 검색해 보면 알게 됩니다만 수시를 준비할 때 고려 사항은 백분위와 등급입니다. 백분위는 아이의 점수를 100명의 등수로 바꾼 수치입니다. 백분위가 97이면 아이는 100명 중에 3등이라고 생각하면 됩니다. 그러니 아이의 현재 수험생 전체에서의 위치가 대략 나옵니다.

그리고 과목별 등급은 정해진 퍼센트 기준으로 9등급으로 나눈 것입니다. 등급의 숫자는 낮을수록 좋습니다. 수시에 최저 등급이 있는 경우가 많아서 아이가 최저 등급을 통과할 수 있는지를 고려하면 됩니다. 그런데 수시는 수능 전에 지원하는 것이니 아이의 성적 상승 가능성을 고려하는 게 좋습니다. 지금 점수 그대로 지원하는 경우는 정시 지원보다 너무 낮게 지원하게 될 수 있습니다.

다음은 아이의 점수로 진로와 관련된 학과를 검색하면 지원 가능한 학교, 학과가 나옵니다. 그게 수능을 보고 수능 성적표가 나왔을 때 정시로 지원 가능한 대학이라고 생각하면 됩니다. 아직은 9월이고 이 모의고사 성적이 아이의 실력을 절대적으로 반영하는 것은 아닙니다. 그러니 지금까지 본 모의고사의 과목별 최고점과 최저점을 고려해서 수능 점수를 예상하면 좋습니다. 이 점수로 지원 가능한 대학보다 높은 2개의 학교, 학과를 선택하면 상향 지원이 됩니다. 이 점수와 대략 비슷하게 2개의 학교, 학과를 선택하면 적정 지원이 됩니다. 그리고 만일을 대비해서 보험용으로 이 점수보다 낮은 2개의 학교, 학과를 지원하면 안정 지원이 됩니다.

학교에는 진학 담당 선생님이 계십니다. 진학 담당 선생님은 아이에게 유리한 전형을 알려줄 것입니다. 수능 예상 점수보다 내신 성적이 좋다면 학생부 교과 전형이나 학생부 종합 전형을 권할 것입니다. 수능 예상 점수가 내신 성적이 좋다면 아마 보험용으로 수능을 본 후 선택할 수 있는 전형을 알려 주실 겁니다. 진학 담당 선생님은 작년까지 아이의 학교 선배들의 수시 결과에 대한 정보가 있어서 다른 입시 전문가보다 신뢰할 수 있습니다. 그리고 여기서 아이의 논술 실력이 상당하다면 논술 전형 지원에 대해 상의하면 됩니다.

만약 학교 진학 담당 선생님의 도움을 받을 수 없다면 '어디가' 사이트를 활용하면 됩니다. 수시와 관련된 정보는 이 사이트가 비교적 좋습니다. 여기는 수시 입시 결과를 어느 정도를 제시하고 있어서 좋습니다.

　그리고 아이와 충분히 상의한 후 대학별 수시 지원 기간을 꼭 확인하여 지원하면 됩니다. 여기까지 아이와 함께 준비했다면 엄마, 아빠가 할 수 있는 아이의 수신 준비를 다 한 것입니다.

아이의 정시를 대하는 대한민국 엄마, 아빠에게

지역에 따라 다를 수 있지만 많은 지역은 수험생 열 명 중 여덟 명 정도가 재수를 결심합니다. 이 수치를 달리 해석하면 수험생 열 명 중 여덟 명은 수능 결과를 받아들이지 않는다고 보면 됩니다. 현실을 받아들이기 힘들고 괴롭습니다. 그래서 늦은 밤 아이가 혼자 많이 웁니다. 이 점을 엄마, 아빠는 꼭 알아야 합니다. 엄마, 아빠도 이 상황을 받아들이기 어렵지만, 당사자인 아이는 더 어렵습니다.

수능은 대략 11월 17일 전후에 보고, 수능 성적표는 12월 10일 전후에 나옵니다. 그리고 수시 결과는 12월 초부터 중순까지 결과가 나오고, 수시 결과가 정리되는 12월 20일 이후부터 정시 지원을 고민하여 12월 30일 전후부터 정시 원서 접수를 하게 됩니다.

수능 성적표가 나오면 수시 지원과 마찬가지로 1~2개의 입시 사이트에 가입합니다. 그리고 아이의 수능 성적표에 나오는 점수를 입력하고 검색을 하면 예상 지원 가능한 학교, 학과가 나옵니다. 이 검색 결과를 참고하여 정시 지원 상담을 하면 좋습니다.

먼저 몇 가지 정시 지원 팁을 알려드리겠습니다. 수시 지원을 할 때는 가장 신뢰할 만한 정보는 아이의 학교 진학 담당 선생님입니다. 그런데 정시 지원을 할 때 가장 신뢰할 만한 정보는 각 대학의 입학처에 계신 분입니다. 이분들은 작년까지의 정시 최종 합격자의 성적도 아마 알고 있을 겁니다. 예비합격자가 몇백 번까지 합격했는지도 아마 알고 있을 겁니다. 따라서 이분들과 상담하는 것이 가장 좋습니다. 이분들과 상담하는 두 가지 방법이 있습니다.

우선 수능 성적표가 나오면 코엑스에서 대입 정시 박람회가 열립니다. 전국 각 대학의 입학처에 계신 분들이 직접 나와 상담합니다. 미리 정시 박람회 신청을 하고 원하는 대학의 부스에 가서 수능 성적을 알려 주고, 학과를 문의하면 지원 여부를 간접적으로 알려줍니다. 한번 넣어보라고 하면 작년까지의 기준으로 합격 가능성이 있다는 의미입니다. 합격 가능성이 없다면 힘들 거라고 해 줍니다. 그러면 데이터상으로 예비 번호를 받아도 합격은 어렵다고 보면 됩니다. 그러니 여러 입시 사이트보다 간단하고 쉽습니다. 그런데 의외로 이 정시 박람회가 몇 년째 계속 열리는데 아는 사람이 별로 없습니다.

다음은 정시 지원 전에 각 지원하고 싶은 대학의 입학처에 상담을 신청하면 됩니다. 직접 가서 상담할 수도 있고, 전화로 상담을 할 수도 있습니다. 어느 경우든 수능 성적을 얘기하면 대부분 자세하게 얘기해 줍니다. 학교에 따라 다를 수 있으니 무조건 해 준다고 생각하면 곤란합니다. 그러나 대부분을 잘 상담해 줍니다.

1~2개의 입시 사이트와 정시 박람회에서의 상담과 입학처와의 상담을 통해서 어느 정도의 대학, 학과의 범위가 정해졌을 겁니다. 그것을 토대로 학교 진학 담당 선생님이나 담임 선생과 상담하며 가군, 나군, 다군 별로 하나씩 결정하면 됩니다.

패배감의 아이와 자신감의 아이

L 학생과 상담하고 나면 마음이 조금 불편하고 답답합니다. 오랜 경험으로 보았을 때, 꾸준하고 성실하며, 반드시 국어 실력이 오를 것이라는 믿음을 주는 아이입니다. 그러나 정작 L 학생은 자신은 이해 능력이 다른 사람보다 많이 떨어지며, 국어 실력도 국어 성적도 늘 그대로라고 말합니다.

처음 L 학생과 상담할 때는 겸손한 아이라고 보았습니다. 그리고 몇 번의 상담을 끝냈을 때는 자신감이 조금 부족한 아이라고 보았습니다. 이때부터 자신의 장점을 잘 모르는 L 학생이 안쓰러웠습니다. 매번 상담할 때마다 자신감을 심어 주려고 노력했습니다. 누구나 자신의 좋은 점을 알아봐 주고 칭찬해 주는 사람에게 믿음을 갖는 것은 당연합니다. L 학생이 자기 얘기를 조금씩 할 때쯤, L 학생의 집에서 나누는 얘기를 듣게 되었습니다.

집에서 엄마, 아빠에게 말을 못 알아듣는다는 얘기나 대답이 너무 늦어서 답답하다는 말을 자주 듣는다고 말합니다. 늘 그렇게 들어서 그런지 자신은 남의 말을 잘 이해 못 하는 아이, 답답하고 느린 아이라는 생각이라고 합니다. 어렸을 때부터 이런 얘기를 듣다 보니 선생님이 하는 칭찬들이 처음에는 놀리는 말인 줄 알았고, 그 후로는 아직 자기를 잘 모르고 있어서 그런 줄 알았다고 합니다. 그러나 지금은 선생님하고 얘기를 나눌 때는 기분이 좋아지고 자신이 잘하고 있는 것 같다는 생각이 들기도 한다고 합니다.

아이를 판단할 때 아이의 얘기와 엄마, 아빠의 얘기가 다른 경우에는 아이가 오해하는 경우가 많습니다. 그래서 보통은 아이에게 엄마, 아빠가 한 말의 의미를 엄마, 아빠 마음에서 해석해 줍니다. 그러던 어느 날 L 학생의 어머니와 상담을 한 적이 있습니다. L 학생의 어머니는 L 학생이 나에게 얘기했던 것과 같은 모습이었습니다. 아이에 대한 칭찬은 전혀 없었고, 지금까지의 아이에 대한 실망의 얘기를 쉴 새 없이 했습니다. 엄마의 얘기를 들으면 L 학생은 결과가 뻔한 아이일 뿐이었습니다.

엄마의 얘기를 다 들으면서 어떻게 얘기를 할까에 대한 고민을 했습니다. 결론은 솔직하게 얘기하기로 마음먹었습니다.

"아이를 가르치고 있는 저에게 어머니께서 아이에 대해 그렇게 얘기하시면 아이에게 정말 도움이 된다고 생각하세요? 정말 그렇게 생각하세요?"

순간 엄마는 벙찐 표정입니다. 계속 말을 이어갔습니다.

"어머니의 얘기를 들으면 아이는 뭘 해도 안되는 아이처럼 생각이 됩니다. 그럼 제가 아이에게 해 줄 수 있는 게 뭐죠? 해도 안 되는 아이를 제가 가르쳐서 뭘 하죠?"

"……"

"제가 L 학생에 대해서 성실성과 꼼꼼하게 공부하는 자세에 대해 칭찬할 때마다 아이는 어색해했습니다. 마치 선생님이 그냥 자기를 잘 모르고 얘기하는 것처럼 느꼈습니다. 그리고 가끔 엄마와 아빠 얘기를 했습니다. 집에서 엄마와 아빠에게 말귀를 못 알아듣는 아이라는 말을 자주 듣고, 이해가 느린 답답한 아이라는 말을 자주 듣는다고요. 저는 그때마다 아니라고, 아닐 거라고 아이를 설득했습니다. 그렇지 않을 거라고요. 어른이나 아이나 모든 사람은 칭찬을 먹고 자란다고 알고 있으니까요. 더군다나 L 학생은 내일도 그리고 그 다음 날도 공부를 해야 하는 아이니까요."

이 일이 있고 난 후 L 학생과 상담하며 살짝 돌려서 물어봤습니다.

"요즘 집에서 대화는 좀 하니?"

"네, 요즘 제가 꼼꼼한 성격이고 성실한 애라고 갑자기 자주 애길 하세요. 좀 당황스럽긴 한데 내 노력을 알아주시는 것 같아 좋아요."

사실은 L 학생만의 일이 아닙니다. 요즘은 아이들이 비슷한 얘기를 자주 합니다.

이번엔 다른 학생의 경우를 소개해 드릴까 합니다. 'S 학생'은 고등학교 1학년부터 폭주족이었다고 합니다. 학교에서는 문제 아로 찍혔으며, 집에서도 늘 걱정거리의 아이였다고 합니다. 처음 S 학생을 봤을 때는 반항기 가득한 눈빛이 조금 걱정되기도 했습니다.

반항과 방황을 끝내고 공부하겠다고 마음먹은 아이를 바라보는 엄마의 모습은 믿음과 신뢰 그 자체였습니다. 엄마는 아이가 공부를 선택한 것 자체가 너무 감사한 것 같았습니다. 놓친 공부 과정은 중요하게 여기지 않는 것 같았습니다. 경험이 많은 저도 잘 되겠다라는 생각은 했지만, S 학생의 가족 전체가 아이에게 주는 믿음은 크고 한결같았습니다. S 학생의 공부 과정에 어려움과 시련이 있었지만 결국 S 학생은 스스로와 가족 모두가 만족하는 결과를 얻게 되었습니다.

S 학생이 감사 인사를 하러 찾아왔을 때, S 학생에게 엄마, 아빠의 믿음과 영향을 얘기했습니다. 그러면서 평생 이때를 잊지 말고 감사한 마음으로 살아가라고 했습니다.

국어 공부만이 아니라 인생을 살아가는 자세에 대해서도 마찬가지인 것 같습니다. 패배감에 젖어 살아갈 것이냐, 자신감을 가지고 살아갈 것이냐에 대한 대답은 너무도 뻔한 것 같습니다. 오늘 저녁 아이에게 고생하고 있다고 잘하고 있다고 믿음을 주는 엄마, 아빠가 되어주기를 바랍니다.

PART 5.

오직 한 가지 방법만 있는 것은 아닙니다

수능에 도전한 프로게이머

프로게이머 출신의 'S 학생'이 있었습니다. 어느 날 S 학생과 얘기를 나누게 되면서 그가 프로게이머였다는 사실과 프로게이머는 다른 스포츠 종목처럼 체력이 매우 중요하며, 매일 강도 높은 트레이닝을 한다는 것을 알았습니다. 그리고 수입도 매우 좋다는 것을 알게 되었습니다.

S 학생이 프로게이머를 그만둔 이유는 자신의 길이 아니라는 확신이 들었고, 공부해서 대학을 가고 싶다는 생각이 들었다고 했습니다.

S 학생은 다른 또래의 학생들처럼 공부한 경험이 전혀 없었습니다. 국어 문제를 보면 도대체 무슨 내용인지도 모르겠고, 도대체 어떻게 공부해야 하는지 막막해서 상담받으러 왔다고 했습니다. 보통은 몇 등급인지 물어보고 방법을 제시해 줄 수 있는데 S 학생은 국어 시험을 본 적이 없어서 등급이 없었습니다.

S 학생에게 먼저 기출문제를 풀어보라고 권했습니다. 그리고

모르는 것이 어휘든, 구절이든, 문장이든 상관없이 모두 형광펜으로 표시하고 찾아보고, 그리고 매주 공부한 내용을 가지고 와서 점검과 질문을 하라고 했습니다.

S 학생은 1주일 후에 그동안 풀었던 부분과 모르는 부분을 표시해서 가지고 왔습니다. 여기저기 형광펜으로 표시한 부분이 보이고 사전을 찾아 의미를 적은 것이 보였습니다. 그리고는 이렇게 말했습니다. 지문을 읽는데 뜻을 모르는 어휘가 나오면 선생님 말씀대로 사전을 찾았습니다. 그런데 사전에 나오는 그 어휘의 뜻이 여러 가지인데 그중에 어느 것이 여기에 맞는 의미인지를 찾는 것이 너무 힘들었습니다.

S 학생은 이렇게 이 수준에서 국어 공부를 시작했고, 5개년 기출문제를 모두 공부했습니다. 그리고 이번에는 같은 방식으로 지문의 내용을 단락별로 요약하는 방법을 알려주고 그대로 해보라고 권했습니다. 이렇게 해서 다시 S 학생은 두 번째 5개년 기출문제를 끝냈습니다. 이렇게 여러 번의 반복을 하면서 글의 구조와 묻는 방식과 정답을 판단하는 방법을 조금씩 체득하기 시작했습니다. 결국 S 학생은 10개년 기출문제까지 여섯 번을 이와 같은 방식으로 공부했습니다. 아무것도 모르는 상태에서 수능 기출문제를 여섯 번을 꼼꼼하게 공부한다는 것은 대단한 일이 아닐 수 없습니다.

S 학생을 만나기 전까지 저는 프로게이머는 게임을 좋아하

는 아이 정도로 보았습니다. 프로 스포츠 선수라는 생각이 전혀 들지 않았습니다. 그러나 S 학생의 모습은 그가 왜 프로게이머가 될 수 있었는지, 왜 프로게이머가 성공한 프로 운동선수와 같은지, 그리고 그들이 왜 높은 연봉을 받을 수 있는지를 깨닫게 되었습니다.

S 학생은 그해 어려운 수능에서 1등급에서 1점이 부족한 점수를 받았습니다. 수능이 끝나고 찾아온 그는 1등급을 맞지 못해서 아쉬워했지만 20년 넘게 국어를 가르쳐 본 저는 그가 너무 자랑스러웠습니다.

어렸을 때 책을 많이 안 읽어서 국어를 못 한다고 생각하지 않았으면 좋겠습니다. 또한 어휘력이 부족해서 국어를 못 한다고 생각하지 않았으면 좋겠습니다. 이과라서 국어를 못 한다고 생각하지 않았으면 좋겠습니다. 문과라서 비문학 과학 기술을 못 한다고 생각하지 않았으면 좋겠습니다. 왜냐하면 그것이 국어 성적을 결정짓는 것이 아니란 걸 증명한 사람이 있기 때문입니다.

정리만 잘해도 공부는 반 이상을 한 거라는 말이 있습니다. 아이의 노트만 보아도 국어 실력을 알 수 있고, 성공 여부를 알 수도 있습니다. 간혹 정리만 잘하는 것처럼 보이는 아이가 있지만, 그 아이도 시간의 문제이지 반드시 국어 실력자가 되기 마련이며, 반드시 성공하기 마련입니다.

국어를 아주 잘하는 'L 학생'이 있습니다. 어려운 지문을 눈으로 읽어가고 문제를 풀어도 다 맞는 국어에 재능이 있는 아이입니다. 그런데 L 학생은 평소에 필기도 거의 하지 않고, 노트 정리도 하지 않았습니다. 그런데 L 학생은 국어를 아주 잘합니다. 그러니 국어 노트 정리를 안 하면 결코 국어를 잘할 수 없다는 말이 아닙니다. 하지만 국어 노트 정리를 잘하는 아이는 이미 국어 실력자이거나 국어 실력자가 될 확률이 안 하는 아이보다 훨씬 높습니다. 그러니 하는 것이 좋습니다.

L 학생에 대해서 조금 더 얘기하면 이 아이는 특정 과목만 잘하는 아이입니다. 노트 정리는 잘하는 과목을 더 잘하게 하는

것보다 못하는 과목을 잘하게 하는 장점이 있습니다. 이미 어떤 과목을 아주 잘하고 있다면 다른 무언가가 더 필요하지는 않을 수 있습니다. 그러나 못하는 과목은 지금과 같은 방법으로는 잘하기 어렵습니다. 그런데 지금의 입시는 못 하는 과목이 없는 아이가 좋은 결과를 구조입니다.

국어 노트를 정리하는 방법이 정해져 있는 것은 아닙니다. 그런데 이런 식으로 국어 공부한 내용을 정리하면 더 좋을 것 같은 방법은 있습니다.

내신 국어를 위한 노트 정리는 중간고사나 기말고사를 잘 보기 위해 정해진 단원과 선생님의 설명을 담긴 필기를 잘 기억하기 위한 것입니다. 그러니 내용 이해와 필기가 중요합니다.

수능 국어를 위한 노트 정리는 읽기 능력을 기르는 것을 목표로 하면 좋습니다. 기억이 목적이 아닙니다. 그러니 정리된 내용을 외우려고 하지 않았으면 좋겠습니다. 그런데 공부한 것을 정리한 기록은 필요합니다. 왜냐하면 수능 국어는 같은 지문을 수없이 다시 보게 되는 경우가 많습니다. 그런데 그 지문을 매번 볼 때마다 처음부터 다시 시작할 필요는 없습니다. 전에 이 지문을 공부할 때, 이해되지 않았던 부분을 이어가는 것이 효율적입니다.

국어 노트 정리를 위한 기본적인 틀은 이렇게 되지 않을까 합니다. 먼저 맨 위에는 글의 제목과 출처와 공부한 날짜가 적어 두면 어떨까 합니다. 그리고 출처라고 하는 것은 교과서 단원 이면 교과서 페이지를 적어두는 것이 다음을 위해 필요합니다. 수능 지문의 경우에는 몇 학년도 수능이라고 적어두는 것 이 꼭 필요합니다. 결국 다시 보게 될 것이기 때문입니다.

중간 부분은 둘로 나누는 것이 좋을 것 같습니다. 한쪽에는 지문의 내용을 단락 단위로 요약하고, 한쪽은 지문의 내용을 단락 간의 관계를 직접 구조화해서 정리하는 것이 좋습니다. 사실 국어 노트 정리는 이 두 과정이 핵심이라고 생각하면 됩 니다. 요약은 말 그대로 지문의 내용을 간단하게 정리하는 것 입니다. 구조화는 다 읽고 나서 전체적인 글의 흐름을 정리해 보는 것입니다. 원인과 결과의 관계라든가, 문제점과 해결 과 정의 관계라든가 등의 전체적인 글의 흐름을 파악하는 연습을 하여 체득을 하게 되면 수능에 나오는 지문의 앞부분을 보고, 다음 내용과 글 전체의 흐름을 예측하며 읽을 수 있는 능력이 생깁니다. 가장 시간을 많이 투자해야 하는 부분입니다.

다음 아랫부분은 공부한 내용에 대한 피드백을 간단하게 메 모하는 것이 좋습니다. 피드백이 없는 공부는 모래성과 같습니 다. 이런 방식으로 국어 노트 정리를 시작해 보는 것이 어떨까 합니다.

개안(開眼)

'나연 학생'이 어느 날 찾아왔습니다. 무슨 일이 있었는지 약간 흥분한 것 같았습니다. 나연 학생이 말하기를 조금 전 국어지문을 읽는데 갑자기 글이 보이기 시작했다고 합니다. 문제의 지문을 읽는데 지문에서 얘기하려고 하는 것이 무엇인지가 보이기 시작했고, 내가 이 지문을 읽어가며 무엇을 놓치지 말아야 하는지를 알게 되었고, 어떤 부분을 읽을 때는 이 부분이 문제로 나올 것 같다는 생각이 들기 시작했다고 합니다. 나연학생의 말로는 마치 개안(開眼)이 된 것 같다고 말했습니다.

국어 실력의 향상 과정을 가장 잘 나타낸 것이 아닌가 합니다. 공부하는 학생은 적어도 공부한 만큼의 실력을 빨리 얻고 싶은데 꼭 그렇지 않습니다. 그래서 많은 학생이 국어 공부를 할 때 성적이 빨리 안 오른다 싶으면 곧 포기하거나 방법을 바꾸려고 합니다. 그런데 시간이 흐른 뒤 지금 포기한 방법으로 공부하고 있는 자신을 발견하게 됩니다.

국어 실력이 좋다는 것은 출제자가 쓴 지문을 읽으며 무엇을 얘기하는지, 그리고 그것을 어떤 방식으로 얘기하는지를 이해하는 것입니다. 말로는 단순하고 간단해 보이는 이것이 국어의 핵심입니다. 수없이 많은 지문을 읽고 수없이 많은 문제를 풀면서 체득해야 하는 가장 핵심적인 능력입니다. 그런데 이것은 어느 정도의 어휘와 문장과 문단과 글의 관계를 종합적으로 볼 수 있는 능력이 있어야만 보입니다. 그러니 그 경지까지의 노력과 인내가 꼭 필요합니다.

나연 학생의 말대로 개안(開眼)이 되면 출제자의 의도에 맞게 글을 읽게 됩니다. 그것은 많은 시간 단축을 의미합니다. 중요한 부분을 읽을 때 더 에너지를 쏟고, 상대적으로 덜 중요한 부분을 읽을 때는 에너지를 덜 쏟아도 되니까 매우 효율적입니다. 국어 시험에서 가장 필요한 시간과 정확성의 문제를 해결하는 순간입니다.

나연 학생이 국어 공부를 제대로 하고 싶다고 말한 지 8개월째의 일입니다. 정말 대견한 학생입니다. 그 기간의 답답함과 지루함, 그리고 불안함을 묵묵히 견디어 온 점이 자랑스럽습니다. 쉽지 않은 일입니다. 열의 아홉은 8개월까지 인내하지 못하니까요. 나연 학생의 태도를 보고 좋은 결과를 예상했습니다.

나연 학생은 그해 수능에서 가장 좋은 결과를 얻었고, 목표로 한 간호학과에 합격했습니다. 그리고 간호사가 되겠다는 꿈을 이루었습니다. 자신이 하는 것에 대한 믿음과 흔들리지 않고 목표를 향해 나아가는 인내심을 가진 나연 학생에게는 너무도 잘 어울리는 직업입니다.

국어의 실력은 개안(開眼)으로 나타날 수 있습니다.

국어 공부를 위한 좋은 루틴

국어 공부에 도움이 되는 '좋은 루틴'에 대해 이야기해 볼까 합니다. 아이들이 이것을 잘 활용하면 국어 공부를 할 때, 집중력을 높이는 방법이 됩니다.

'좋은 루틴'은 집중력을 높여 국어 공부에 도움이 되게 하는 정해진 동작이라고 생각하면 됩니다. 이렇게 정해진 루틴을 하면 우리의 뇌가 행동 준비를 시작해서 자연스럽게 집중력이 높아지는 결과를 얻는다고 합니다.

W 학생은 국어 시험을 보기 전에 항상 만년필에 잉크를 채워 둡니다. 차분하게 앉아 조심스럽게 집중해서 그 동작을 합니다. 국어 시험이 시작되면 읽으면서 꼭 필요한 구절 밑에 간단한 밑줄을 칩니다. 국어 시험에서 줄을 잘 안 치고 읽는 학생도 드물었고, 지문 위에 만년필로 밑줄을 치는 아이는 처음이었습니다. 그런데 지문 하나를 읽으면서 밑줄은 한 군데 정도밖에 없습니다. 매번 국어 시험을 볼 때마다 W 학생의 동작은 일정합니다. 시험 직전 만년필을 꺼내 차분하게 잉크를 채우

고 지문 하나에 밑줄 하나를 칩니다.

W 학생은 많은 학생이 어렵다고 하는 국어 시험도 모두 맞는 학생입니다. 어느 날 W 학생에게 물었습니다. 만년필로 국어 시험 문제를 푸는 것에 특별한 이유가 있는지를 물었습니다.

언제부터인지 아버지가 선물로 주신 만년필을 가지고 풀었을 때 결과가 좋았고, 계속 만년필로 풀다 보니 일정한 순서를 가지게 되었다고 합니다. 무엇보다 만년필에 잉크를 채우는 순간 이제 조금 있으면 집중을 해야 할 순간이고 최선을 다해 풀겠다는 생각이 든다고 합니다. 정말 '좋은 루틴'입니다. 다만 수능장에서는 만년필을 사용할 수 없는 것이 아쉽습니다.

일본의 유명한 야구 선수 이치로는 타석에서 항상 일정한 순서의 동작을 합니다. 비장한 사무라이의 모습이기도 하고 경건한 수도자의 모습이기도 합니다. 그는 그런 일정한 순서의 동작으로 하며 위대한 결과를 낳았습니다.

의사 선생님이 수술 전에 손을 씻는 것은 세균의 감염을 막는 것이 주목적이겠지만 이 일정한 순서의 동작을 취하면 수술에 대한 집중력이 올라간다고 합니다.

국어 공부를 할 때 집중력이 높았던 순간을 잘 기억해 두면 좋습니다. 그 집중력이 높았던 순간의 동작들이 좋은 루틴이 될 수 있기 때문입니다. 국어 공부를 할 때 도움이 되는 좋은 루틴은 사람마다 다릅니다. 좋은 루틴의 효과를 보았던 학생들의 얘기를 들어 보면 좋은 루틴은 정말 다양합니다.

J 학생은 비문학 지문을 읽기 전에는 아이스 아메리카노를 마신다고 합니다. 언제부터인지 아이스 아메리카노를 마시면 어려운 내용이 나와도 끝까지 해내겠다는 마음의 준비가 된다고 합니다. L 군은 2주에 한 번은 일부러 소란스러운 카페를 찾아가 국어 문제를 푼다고 합니다. L 군은 카페의 문을 들어서는 순간부터 문제를 풀기 시작할 때까지 수능장에서 어떤 일이 벌어져도 난 집중할 수 있다고 생각하며 시작한다고 합니다.

사람들은 자신에게 도움이 되는 순간들을 그냥 지나치는 경우가 많습니다. 무언가 대단히 특별해야만 한다고 생각합니다. 그런데 지금까지 보았던 아이들의 국어 공부에 필요한 좋은 루틴은 지극히 일상적이었습니다.

글이 어려울 때 서술어를 잘 보라고 하는 이유

국어 실력이 많이 부족해서 걱정인 J 학생이 물었습니다.

"비문학이 어려울 때는 서술어를 잘 보라는 말을 자주 들었습니다. 근데 서술어를 잘 봐도 어려우면 어떻게 해야 하나요?"

글을 보는 것과 글을 읽는 것은 다릅니다. 평소에는 글을 본다고 해도 되고, 글을 읽는다고 해도 크게 상관이 없을 것입니다. 그런데 가끔은 조금 더 정확하게 설명했어야 하는 것들이 있는 것 같습니다. 만약 눈은 지문을 향해 있는데 머릿속에는 아무런 생각이 없다면 그야말로 지문을 보고 있는 것입니다. 지문의 내용을 읽으며 생각을 정리하고 다음의 내용을 예측할 수 있다면 읽는 것입니다.

글이 어려운 이유가 여러 가지 있습니다. 글에 사용되는 어휘가 일상생활에서 자주 접할 수 없는 어휘가 많을 때 어렵습니다. 그런데 국어 시험에는 이런 경우가 거의 없습니다. 수능 국어 지문 출제 원칙이 그렇습니다. 만약 수능 지문의 어휘가 어려워서 읽기가 어렵다면 잘못 출제한 것이 아니라 본인이 알고 있는 어휘가 너무 적은 것입니다.

국어 시험에서 글이 어려운 다른 이유는 대부분 수식이 길게 이어져 설명되어 있거나, 문장의 호흡이 길 때입니다. 이건 출제자가 출제할 때 어쩔 수 없이 선택하게 되는 방법입니다. 설명하고자 하는 말을 앞에 두고 서술해 나가면 읽는 사람이 이해하기가 쉬워집니다. 그리고 문장이 짧으면 이해하기 좋습니다. 그런데 지문에 내용이 너무 쉽게 이해되면 읽기 능력을 평가하기가 어렵습니다. 그래서인지 몇 년 전부터의 국어 시험의 지문은 수식이 길게 이어져 설명되고, 과하게 긴 문장들로 이루어진 단락이 자주 보였습니다.

수십 번, 수백 번 읽어 보면 비로소 알게 되는 것이 있습니다. 수식이 길게 이어져 설명된 부분이 있다면 의식적으로 설명 대상을 앞에 두고 다시 읽으면 이전보다 쉽게 이해가 됩니다. 원래 설명을 쉽게 하는 사람은 설명하고자 하는 대상을 먼저 제시하여 설명하고, 그 하나의 설명이 끝나면, 설명하는 대상을 다시 한번 강조하며 제시하고 두 번째의 설명을 이어갑니다. 그런데 국어 시험 지문은 그렇게 친절하지 않습니다. 이유는 같습니다. 그렇게 쉽게 이해되면 평가가 어려워지기 때문입니다.

문장이 길면 문장의 끝까지 집중해야 합니다. 문장의 앞부분에서는 어떤 대상에 대해 부정적인 내용이 나왔어도 뒷부분에서는 긍정적인 내용이 나올 수 있습니다. 이 경우 우리는 필자는 대상에 대해 긍정적인 편이라고 이해하면 됩니다.

　서술어를 잘 보라는 말을 조금 더 정확하게 설명하자면 서술어 자체를 잘 이해하라는 것이 아니라 서술어를 중심으로 문장을 이해하는 것이 필요하답니다. 서술어를 문장과 별개로 이해하는 것이 아니라 서술어를 통해서 이 문장에서 필자가 대상에 대해 하고자 하는 말이 무엇인가를 생각해 보라는 것입니다. 예를 들면 '서술어인 미적 판단에 대해서 주체인 칸트는 결국 규범적 판단과 비슷하지만 다른 면을 가지고 있다는 것이군'. 서술어를 잘 보는 것은 복잡하고 어려운 글을 잘 이해하기 위해 서술어를 중심으로 문장을 다시 한번 읽어 가며 이해하는 과정을 말합니다.

　국어 시험 지문을 수없이 많이 읽다 보면 읽는 요령이 생깁니다. 그런데 많이 읽어야 알게 되는 방법이 있습니다. 그 방법에 대해서는 선생님들에게 배울 필요가 있습니다.

비문학 읽기

어느 날 '학생 M'이 물었습니다.

"선생님, 비문학을 도대체 어떻게 읽어야 하는 거죠?"

너무 막연한 질문에 잠시 생각을 했습니다. 막연한 질문을 한 이유가 비문학에 대해서 너무 막연하게 알고 있어서라고 생각했고, 어떻게 설명하는 것이 좋을까 고민했습니다. 그럼 정말 비문학을 어떻게 읽어야 하는지 아이들은 알고 있는지도 궁금했습니다.

문학이 아닌 글과 구분하기 위해 비문학이라고 부릅니다. 그리고 수능 국어에서 비문학은 '독서'라고 부릅니다. 그러니 비문학과 '독서'는 수능 국어에서는 같은 말입니다. 그리고 비문학에 속하는 대표적인 글의 종류가 설명문과 논설문, 신문 사설, 논문 등이 있습니다.

국어 교과서에 실린 비문학은 대부분 설명문과 논설문으로 읽는 독자가 잘 이해할 수 있도록 비교적 구체적이고 자세합니다. 반면에 수능 국어에 나오는 비문학은 읽기 능력을 평가하기 위한 글이라 교과서의 설명문과 논설문보다 어렵습니다. 오히려 설명문이나 논설문보다는 학술 논문에 가깝습니다. 실제로 수능 출제자는 그 분야의 최고 권위자로 수많은 논문을 참고하여 직접 글을 써서 출제합니다.

그러니 내신 시험을 위한 비문학 읽기와 수능 시험을 위한 비문학 읽기를 명확히 구분해서 준비할 필요가 있습니다. 구분하지 않고 비문학을 공부하게 되면 내신 비문학을 읽을 때는 잘 이해되고 정리되는 느낌을 드는데, 수능 비문학을 읽을 때는 같은 방법으로 읽어도 전혀 다른 결과가 생길 수 있습니다. 내신 비문학은 정해진 시험 범위에 속하는 글을 선생님 설명을 놓치지 않고 필기해서 잘 정리하면 될 뿐입니다. 교과서 내용과 선생님의 필기를 잘 보아두어야 하는 이유는 거기서 시험 문제를 내기 때문입니다. 그것과 시험 문제와 관련이 없다면 아무도 보지 않습니다.

수능 비문학은 논문에 가까운 글이라고 했습니다. 최근 들어 논문보다도 어렵게 느껴지는 글들도 나오곤 합니다. 마치 한 편의 논문을 1,000 남짓 압축해 놓은 것 같아 매우 어렵습니다. 이런 비문학을 읽을 때는 문제를 고려하고 읽어야 합니다. 제한된 시간 안에 문제의 정답을 판단하기 위한 목적을 잊지 않는 것이 중요합니다. 꼭 문제를 먼저 보라는 얘기가 아닙니다. 문제를 풀기 위해 비문학을 읽는다는 사실이 중요하다는 얘기입니다.

1994학년도부터 2023학년도까지 수능 비문학은 변함없이 출제되었고, 내년에도 출제될 것입니다. 비문학의 길이가 길었다가 짧아지거나, 또는 비문학의 개수가 늘었다가 줄어지거나, 정보의 밀도가 낮았다가 높아지거나 등의 변화가 있었습니다. 그런데 문제에 대한 변화는 비슷하게 유지해 왔습니다. 비문학 지문 하나에 나오는 문제들은 지문의 나온 내용이 맞는지, 지문의 핵심 내용을 이렇게 이해해도 되는지, 지문의 내용을 이런 상황에 적용할 수 있는지, 지문이 내용에 대해 이렇게 비판해도 되는지를 물어왔습니다.

수능 비문학을 잘하고 싶다면 지문의 내용을 어떻게 묻는지를 체득해야 합니다. 그리고 읽는 목적이 같지만, 각자 방법이 다를 수 있습니다. 읽으면서 줄을 치고 중요한 개념을 동그라미와 네모를 치며 열심히 읽고, 내용을 요약하고, 모르는 어휘를 찾아 확인하고, 개념을 정리하고, 글의 구조를 생각하며 정리하는 여러 가지 방법들 모두 목적이 같고 목표가 같은 것입니다.

수능 비문학을 잘하기 위해 기출문제를 보라는 얘기를 많이 합니다. 그런데 그것을 보는 모습은 각기 다릅니다. 반복의 횟수가 중요한 것은 아니지만 어떤 아이는 한번 본 후 다했다고 생각하고, 어떤 아이는 적어도 두세 번을 볼 필요가 있다고 생각합니다. 안타깝게도 수능 비문학을 잘했던 아이들은 몇 번을 보았는지 기억하지 않습니다. 수능 비문학 출제 방식이 체득될 때까지 무한 반복을 합니다. 그게 그 아이들이 국어 비문학을 잘하는 이유이고, 그 아이들이 수능 국어를 잘하는 이유입니다.

M 학생에게 말했습니다.

"선생님이 너보다 비문학을 잘하는 이유는 학생들이 상상할 수 없을 정도의 노력으로 기출문제를 체득했기 때문이야. 그 체득의 결과를 학생들에게 알려주는 거지. 그런데 체득의 결과를 배우기보다 스스로 체득했으면 해. 그게 확실하니까."

학생 M이 말했습니다.

"네, 끝까지 해 보겠습니다."

수능 비문학은 누군가에게 배워서 아는 것보다는 스스로 알아가는 것이 더 필요합니다.

엄마와 딸이 하나가 되어

몇 년 전 강남의 J 여고 '지현' 학생을 가르친 적이 있었습니다. 처음 수업을 듣기 전에 지현 학생 어머니는 국어만 오르면 다 되는데 국어만 부족하다고 몇 번을 당부하셨습니다. 국어만 부족한 아이가 생각보다 많습니다. 어렸을 때부터 수학을 중심으로 아이의 공부가 집중되다 보니 국어는 수학에 비해 부족하게 되는 경우입니다. 수업에 들어 온 지현 학생을 보았을 때 반짝이는 눈과 굳게 다문 입, 곧게 편 허리, 당당하게 바라보던 모습. 아이지만 멋있었습니다.

수업을 마치고 지현 학생과 상담했습니다. 수업에 대한 소감을 묻고 궁금한 것이 있으면 물어보라고 말했습니다. 지현 학생이 당찬 눈으로 물었습니다.

"국어를 잘하고 싶습니다. 제가 어떻게 하면 되나요?"

지극히 간단하고 분명한 질문을 하는 모습에서 이 아이의 국어 성공을 확신했습니다. 20년 넘게 아이들을 보니 그들이 어떤 모습으로 자라서 어떤 사회인이 되는지를 많이 본 덕인 것 같습니다.

국어가 부족하다고 말하는 지현 학생의 얘기를 들어보니 지현 학생은 다른 과목은 만족스러운데 유독 국어만 고등학교 들어와서 지금까지 만족한 점수를 얻어본 적이 없었습니다. 학교에서, 학원에서 배운 대로 열심히 한 것 같은데 못 하는 이유를 모르겠다는 것입니다. 공부 방법이 문제가 있는 건지 아니면 국어의 재능이 없는 건지 모르겠다고 했습니다.

저도 간단하게 답해 주었습니다. 궁금한 것과 결심을 확인했으니 긴말이 필요 없을 것 같았습니다. 국어 예습을 내용을 요약하고, 쉬는 시간마다 관심 분야의 책을 읽을 수 있으면 그리 오래 걸리지 않을 거라고 말했습니다. 사람마다 이해의 정도가 다르고 실천할 수 있는 의지가 다를 뿐이지 국어라는 과목의 공부 방법의 정점은 요약과 독서입니다. 오래 걸리지 않아 지현 학생은 국어를 잘하는 학생이 되었습니다.

그 후 몇 개월이 지난 어느 날 지현 학생이 심각한 표정으로 찾아왔습니다. 지현 학생의 고민은 이랬습니다. 허리가 조금씩 아프다가 허리 통증이 심해서 병원에 갔더니 척추가 조금 휘었다고 했습니다. 의사 선생님 말씀이 상태가 아주 나빠서 입원 치료를 권했다고 합니다. 지현 학생의 걱정은 국어였습니다. 이제 막 국어에 대한 자신감이 생겼는데, 국어에 대한 감을 잃어버리는 것이 가장 걱정이라고 했습니다. 그러면서 입원 중에 국어에 대한 감을 유지하는 방법을 물었습니다. 그런 지현 학생에게 이번 기회에 독서를 하는 시간을 가지라고 고구려와 관련된 책을 몇 권을 권했습니다.

며칠이 지나고 오후에 잠시 시간을 내서 지현 학생 병문안을 갔습니다. 허리의 경과도 궁금했고, 혹시나 국어 공부에 대해 걱정되는 부분이 있으면 안심을 시켜주고 싶었습니다. 강남 세브란스 병원을 가는 길이 햇빛으로 무척이나 밝았던 것으로 기억합니다. 너무 눈이 부시게 밝아서 병실 복도로 들어 온 햇살도 병원답지 않게 밝고 가벼워 보였습니다. 지현 학생의 병실은 복도 모퉁이를 돌아서 첫 번째로 안내받았습니다.

모퉁이를 돌아 병실 입구를 들어서는 순간 정말 놀랐습니다. 커튼이 둘려 쳐진 안에서 조용하고 낮은 톤으로 또박또박 정확하게 책 읽는 목소리가 들렸습니다. 잠시 커튼 밖에서 듣다가 인사를 하니 커튼이 젖혀졌습니다. 당연히 책을 읽고 있는 목소리의 주인은 지현 학생이라고 생각했습니다만 목소리의 주인공은 지현 학생의 어머니였습니다. 지현 학생은 침대에 똑바로 누워 천장을 바라보고 있었고, 어머니는 그 옆에서 제가 지현 학생에게 권했던 책을 읽어 주고 있었습니다. 이 사실에 또 한 번 놀랐습니다.

국어의 감을 유지하기 위해서 입원 기간 몇 권의 책을 읽으라는 저의 조언과 앉아서 책을 읽는 것조차 허리에 부담이 될 수 있으니 그냥 누워만 있으라는 의사 선생님의 조언을 모두 받아들인 것입니다. 그래서 지현 학생은 가만히 누워있고, 어머니는 또박또박 아이를 위해 읽고 있었던 것입니다. 잠들기 전 아이 곁에서 동화책을 읽어 주는 그런 엄마의 모습이었습니다.

제 눈에는 전혀 극성스러운 엄마의 모습이 아니었습니다. 아이는 조금도 귀찮거나 싫어하지 않았고, 차분하게 읽어 주는 엄마의 목소리를 듣고 있었습니다. 이런 모습이 대치동 엄마의 모습이 아닐까 합니다. 자신이 할 수 있는 만큼 아이와 함께 책을 읽어 줄 수 있는 엄마가, 돈으로 아이의 성적을 채우려는 부정적으로 알려진 엄마보다 대치동에 훨씬 더 많습니다.

지현 학생은 한의사가 되는 것이 꿈이었고, 그다음 해에 경희대 한의대에 합격했습니다. 지금은 훌륭한 한의사 선생님이 되어 좋은 일을 많이 하고 있을 것을 생각하니 마음이 따뜻해집니다.

아빠의 선물

사람은 누구나 인생에서 한 번쯤은 아주 기막히게 결정적인 순간들이 있는 것 같습니다. '다겸'이라는 학생이 있었습니다. 2002년 한일 월드컵이 열리던 해 3월 어느 날 제 수업을 듣기 위해 교실에 앉아 있던 모습이 아직도 기억이 생생합니다. 고등학교 1학년이던 그 아이가 어느덧 자라서 잠실에 있는 아산병원에서 진료하는 의사 선생님이 되었습니다.

학원 강사인 제가 더 좋은 어른이 되기 위해 노력하고 싶었던 건 저에 대한 무한한 존경심을 보여 준 다겸 선생의 영향이 아주 크다고 할 수 있습니다. 학원 강사인 저를 선생님으로 지켜 준 다겸 선생에게 이런 얘기를 한 적 있었습니다.

"대학생이 되어서 그리고 지금까지 해마다 스승의 날, 추석, 설날이 되면 찾아와 안부 인사를 하는 것 쉬운 일이 아닌데, 이런 걸 보면 내가 너의 삶의 좋은 영향을 준 게 확실한 것 같구나. 그런데 그게 갑자기 궁금해지는구나. 특별한 계기가 있었니?"

"처음 선생님 국어 수업을 들을 때는 너무 재미있었어요? 백석 작품에서 물개가 나오는 부분을 설명하실 때 물개를 흉내 내시던 모습이 아직도 생각이 나요. 진짜 물개 같았어요."

저는 그 당시 기억이 없었지만, 그때의 상황이 그려졌습니다. 그리고 그때의 제 모습을 상상하며 창피함을 느꼈습니다.

"선생님, 혹시 제가 고등학교 2학년 때 방황했던 것 기억나세요?"

"......"

"그때 엄마, 아빠 사이가 많이 안 좋았었거든요. 그래서 공부 안 하고 반항하면서 나쁜 짓도 많이 했었어요."

"그랬나?"

"어느 날 선생님께서 저를 부르셨어요. 그리고 저에게 이런 말씀을 하셨어요. 너는 네가 얼마나 좋은 재능을 가지고 있는 줄 모르는 것 같다고. 너는 백조인데 왜 자꾸 오리처럼 사냐고. 네가 아무리 반항하고 방황을 해도 너는 백조라고. 언젠가 스스로가 백조라는 걸 깨닫고 백조처럼 살거라 믿는다고. 그러니 지금 너의 삶의 중심에서 너무 멀리 가지 않았으면 좋겠다고 하셨어요."

"그 후로 방황을 할 때마다 선생님 말씀이 떠올랐어요. 그래도 좀처럼 마음을 잡지 못했고, 그때마다 저를 믿는다고 말씀하셨어요. 저는 제가 존경하는 분이 저를 이렇게 끝까지 믿어주신 다는 생각에 감동했고, 방황을 멈췄어요. 그리고 다시 공부했 죠."

저는 제 말에 영향을 받아 삶의 방향을 잘 잡은 다겸 선생에 게 오히려 고맙다고 했습니다. 그리고 다겸 선생의 부모님에 안부를 묻던 중 다겸 선생이 이런 얘기를 했습니다.

"아빠에 대한 추억은 별로 안 좋았고, 특히 엄마 앞에서 아빠 얘기는 금기였어요. 그런 아빤데, 그래도 아빠가 저에게 잊지 못할 선물을 주신 게 있어요."

"그게 뭐니?"

"선생님 제가 의대 수시로 들어간 것 아시죠?"

"그랬지. 다빈치 전형이었지 아마."

"네. 그때 심층 면접이 있었어요. 과학 관련해서 정말 어려운 질문이 하나 있었는데 너무 생소한 분야라 학생들이 대답하기 가 어려워했어요."

"그랬겠지. 그걸로 판단해야 하니까."

"그때 질문 내용이 어렸을 때 아빠가 선물해 준 책에 있는 내용 이었어요."

"그래?"

운명이라고 해야 할지, 우연이라고 해야 할지, 의대에 합격했고, 지금은 훌륭한 의사가 되었습니다.

세상에 모든 경험은 소중합니다. 또한 우리가 만나는 사람은 모두 소중한 인연입니다. 그리고 또한 저는 국어 강사이기에 이렇게 얘기하고 싶습니다. 그리고 우리가 읽은 모든 책은 모두 소중합니다.

에필로그

이 책을 쓰게 되면서 사람들이 떠올랐습니다. 1993년 개포동에 있는 학원에서 처음 만났던 중학교 아이들을 시작으로 2002년 한일 월드컵이 열리던 해 역삼동 학원에서 수업 후 함께 치킨을 시켜 먹으며 응원하던 아이들이 생각났습니다. 그리고 그때부터 지금까지 변함없이 최선을 다하며 살아가는 '다겸'이. 그리고 미래의 누군가가 되어 있을 현재의 아이들을 생각하기도 하면서 무척 행복했습니다.

입시를 모르고 아이를 키우면 참 행복합니다. 이렇게 계속 모르고 살며 행복했으면 좋겠는데, 현실은 그렇게 두지 않는 것 같습니다. 엄마, 아빠, 아이 모두가 대학에 가려면 알아야 할 것과 해야 할 것이 많다는 사실에 걱정이 앞섭니다. 그래서 대한민국의 엄마, 아빠는 다른 나라의 부모보다 부모 노릇을 하기가 힘든 사람들인 것 같습니다.

요즘은 아이의 국어 공부 때문에 부모로서 제일 난감하다고 합니다. 과거에 비해 많이 어렵고, 앞으로도 어려워질 것 같은데 맞는 방법을 찾기가 어렵다고 합니다. 인터넷 강의도 듣게 하고, 좋다는 동네 학원도 찾아서 보내도 아이가 국어를 못 해서 걱정이라고 합니다.

이런 엄마와 아빠들에게 강남 대치동 학원가에서 보낸 지난 날을 돌아보며, 입시 성공과 입시 실패 사례와 그 이유를 소개해 드릴 수 있어서 저에게는 무척 의미 있는 시간이었습니다. 그리고 국어에 대한 소소한 얘기를 담을 수 있어 지금도 행복합니다.

속도보다는 방향입니다

20년 대치동 강사가 전하는 교육에세이

발행일 ㅣ 2023년 2월 28일

지은이 ㅣ 이재헌
펴낸이 ㅣ 마형민
기 획 ㅣ 윤재연
편 집 ㅣ 신건희
펴낸곳 ㅣ (주)페스트북
주 소 ㅣ 경기도 안양시 안양판교로 20
홈페이지 ㅣ festbook.org

ISBN 979-11-6929-206-1 03370
값 13,000원